Lasterhafte Frauen

Gewagt, gefährlich, leidenschaftlich

Peter Braun

Lasterhafte Frauen

Gewagt, gefährlich, leidenschaftlich

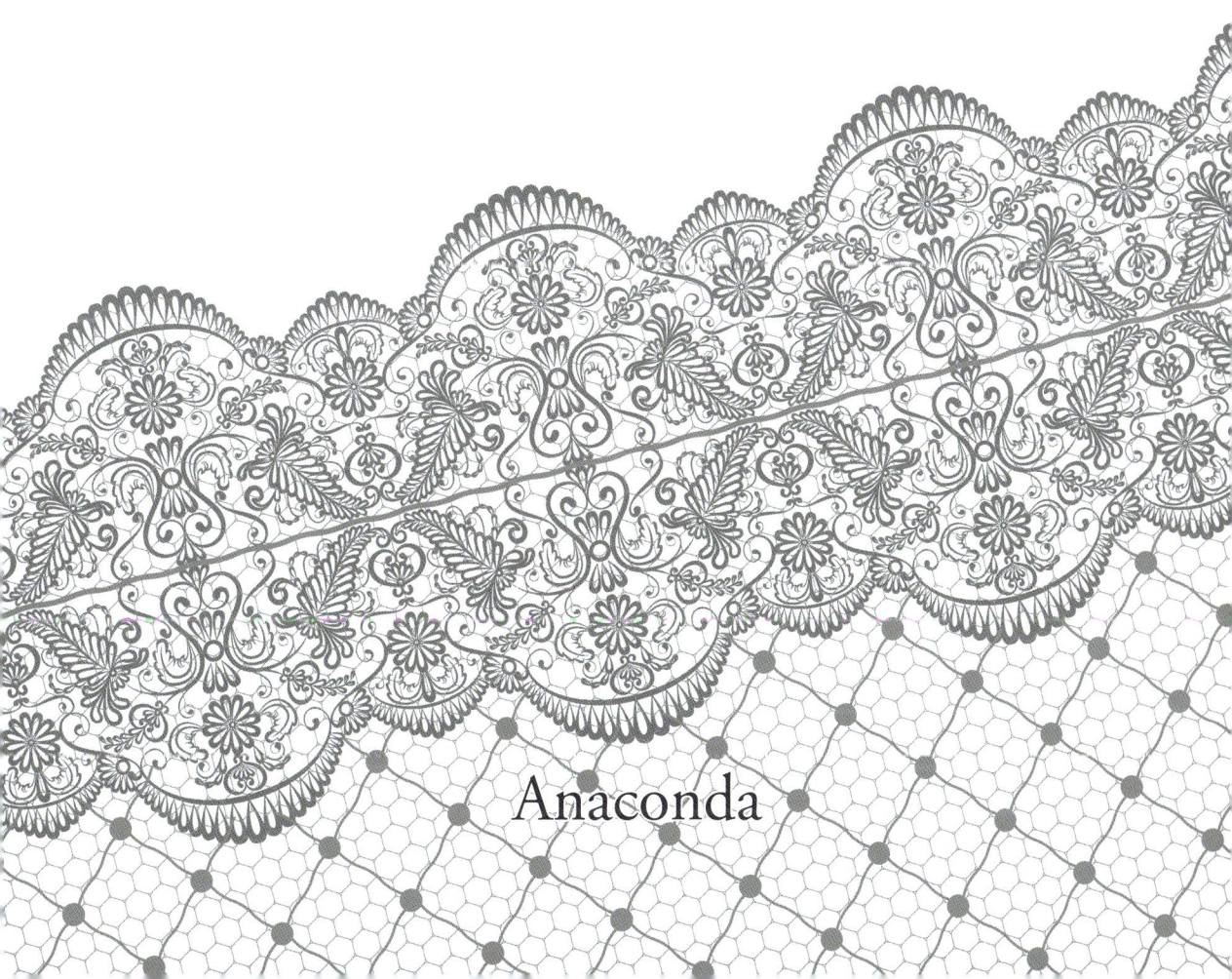

Anaconda

Impressum

Bildnachweis:

Cover: picture-alliance/Mary Evans Picture Library; Vor- und Nachsatz: picture alliance/akg-images, picture alliance/Farabola/Leemage, picture alliance/akg-images, picture alliance/Everett Collection, picture alliance/Everett Collection, picture-alliance/dpa/dpaweb, picture alliance/Everett Collection; S. 8/9: picture alliance/akg-images, picture-alliance/dpa; S. 10/11: picture-alliance/maxppp, picture alliance/Keystone, picture alliance/akg-images; S. 12: picture-alliance/Herve Champollion/akg-images; S. 15: picture-alliance/maxppp; S. 17: picture-alliance/akg-images/Erich Lessing; S. 18: picture alliance/Luisa Ricciarini/Leemage; picture-alliance/Mary Evans Picture Library; S. 21: picture-alliance/akg-images/Erich Lessing; S. 23: picture-alliance/akg-images; S. 24: picture alliance/Mary Evans Picture Library; S. 25: picture-alliance/Mary Evans Picture Library; S. 27: picture-alliance/akg-images; S. 28: picture-alliance/United Archives/TopFoto; S. 31: picture alliance/Mary Evans Picture Library, picture alliance/Everett Collection, picture alliance/Mary Evans Picture Library; S. 32/33: picture alliance/Mary Evans Picture Library; S. 37: picture alliance/akg-images; S. 38/39: picture alliance/akg-images; S. 41: picture alliance/akg-images; S. 43: picture-alliance/dpa, picture-alliance/dpa/Paul Almasy, picture alliance/akg-images; S. 45: picture alliance/akg-images; S. 46: picture-alliance/dpa, picture-alliance/maxppp; S. 49: picture-alliance/dpa, picture alliance/akg-images; S. 50: picture alliance/akg-images; S. 52: picture alliance/Everett Collection; S. 54: picture alliance/akg-images; S. 56/57: picture alliance/Mary Evans Picture Library, picture-alliance/(c) Illustrated London News Ltd, picture alliance/akg-images, picture alliance/Mary Evans Picture Library; S. 59: picture alliance/Everett Collection; S. 61: picture alliance/akg-images; S. 63: picture alliance/Everett Collection; S. 64: picture alliance/Everett Collection; S. 67: Library of Congress; S. 68: Library of Congress, picture alliance/Everett Collection; S. 70: geocities.com; S. 73: picture-alliance/dpa; S. 75: picture alliance/Everett Collection, picture alliance/ASSOCIATED PRESS; S. 76: picture alliance/akg-images; S. 78: picture-alliance/dpa; S. 80/81: picture-alliance/akg-images, picture-alliance/dpa/dpaweb; S. 84: picture-alliance/empics; S. 87: picture-alliance/dpa, picture-alliance/dpa; S. 88/89: picture-alliance/akg-images, picture-alliance/dpa; S. 91: picture alliance/Usis-Dite/Leemage, picture alliance/AP Images; S. 92: picture-alliance/United Archives/TopFoto, picture alliance/k09/ZUMAPRESS.com; S. 95: picture allianc/Everett Collection; S. 96/97: picture-alliance/dpa, picture alliance/Farabola/Leemage; S. 98: picture alliance/Farabola/Leemage; S. 101: picture-alliance/maxppp; S. 102: picture alliance/dpa, picture-alliance/Leemage, picture alliance/dpa; S. 104: picture-alliance/dpa, picture-alliance/akg-images/Schuetze/Rodemann; S. 107: picture alliance/AP Images; S. 108: picture alliance/Everett Collection, picture-alliance/United Archives/TopFoto, picture-alliance/United Archives/TopFoto; S. 111: picture-alliance/dpa

In einigen Fällen war es nicht möglich, für den Abdruck der Bilder die Rechteinhaber zu ermitteln. Honoraransprüche der Künstler, Verlage und ihrer Rechteinhaber bleiben erhalten.

Lizenzausgabe mit freundlicher Genehmigung
© 2014 arsEdition GmbH, München
Alle Rechte vorbehalten

Die Deutsche Nationalbibliothek verzeichnet diese Publikation in der Deutschen Nationalbibliografie; detaillierte bibliografische Daten sind im Internet unter http://dnb.d-nb.de abrufbar.

© dieser Ausgabe 2018 Anaconda Verlag GmbH, Köln
Alle Rechte vorbehalten.
Printed in Slovenia 2018
ISBN 978-3-7306-0565-3
www.anacondaverlag.de
info@anacondaverlag.de

Inhalt

Vorwort 6

Ich bin ziemlich verrückt, aber ich bin sehr glücklich
George Sand 8

Ich wollte leben wie ein bunter Schmetterling
Mata Hari 24

Ich mache keine Kompromisse
Camille Claudel 38

Der Engel mit den angesengten Flügeln
Zelda Fitzgerald 52

Was zur Hölle ist jetzt wieder passiert!
Dorothy Parker 64

Ich glaube nicht, ein Jedermann zu sein
Coco Chanel 80

Sie konnte ausgesprochen abscheulich sein
Gala Dalí 96

Vorwort

Sauferei, Völlerei, Hurerei: Der Laster sind viele, doch außerhalb gutbürgerlicher Tugendtümelei sind sie seit je lässliche Verfehlungen – für Männer. Nicht für Frauen. Sich einen Geliebten halten, Ehebruch gar? Schmausen? Trinken? Im Geheimen, hinter verschlossenen Türen vielleicht, doch jedwedem ihrer Laster, das öffentlich ruchbar wurde, folgte die Strafe auf dem Fuß. Dorf oder Bürgerhaus: Die Ächtung war ihnen sicher. Dirne, Metze, Hure. Freizügigkeiten wurden, falls überhaupt, dann höchstens den Damen der Fürstenhöfe nachgesehen, so sie ihre Leidenschaften halbwegs sorgsam hinter der Fassade der Etikette verbargen. Das Bürgertum hingegen kannte weit weniger Gnade.

Das schlimmste Laster, dem eine Bürgerliche frönen konnte, war ihr Selbstbewusstsein, ihre Eigenständigkeit, ihre Selbstbestimmtheit. Durch die Jahrhunderte steckten Bürgerfrauen eingeschnürt im Mieder des guten Benehmens. Wer das Korsett ablegte, den traf der Bann. Heim und Herd: Gesittet mussten sie sein, schamhaft, bescheiden, fruchtbar, züchtig, brav, keusch, still, als kochende, waschende, putzende Untertanen ihrer Herren. Ehefrauen, unverheiratete Töchter, Mägde lebten eingeschlossen im Gefängnis aus Kindern, Küche, Kirche, in dem Hausherr und Pfarrer die Aufseher waren. Die Kirche besonders predigte den Frauen den Anstand von den Kanzeln herab und verdammte deren Verfehlungen als Untugenden, und je mehr sie wetterte, Frauen seien die unreine Einfallspforte des Teufels, eine Strafe des Herrn, geschaffen zum Verderben des Mannes, sündig wollüstige Tiere, denen ewiges Höllenfeuer drohe, so sie nicht folgsam sind, desto mehr mussten sie auf der Hut sein, denn wer die Benimmregeln brach, wurde ausgestoßen. Und der Regeln waren viele. Ungeleitet durch die Gassen gehen? Verboten. Allein mit einem Gast im Salon? Unerhört. Ohne Begleitung des Gatten, des Vaters, des Bruders zu Tanz oder Ball? Undenkbar. Nur ein Schritt über die männergesetzten Grenzen des wohlgefälligen Betragens hinaus: Zischeln, munkeln, üble Nachrede, schuldig bei Verdacht – und war der gute Leumund einmal dahin, dann unwiderruflich. Doch ist die Frau deshalb aller Sünde abhold? Kaum, zum Glück. Nur: Die weibliche Abkehr von den Tugendpfaden steht im Buch ihres Lebens oft zwischen den Zeilen. Kaum ein Brief, kaum ein Tagebuch zeugt vom streng geheimen Begehren, und schon gar nicht vom Aufbegehren gegen die Männerwelt. Ein halber Satz, eine Andeutung – mehr nicht. Zu groß die Gefahr, als Verworfene gebrandmarkt zu werden.

Kurtisanen, Mätressen, Hetären, verlockende Gespielinnen in halbseidenen Etablissements wurden von den Herren heuchlerisch verachtet – und ausführlich besucht. Bürgerlichen Damen hingegen wurde nichts vergeben. Fausts Gretchen endet im Kerker, Madame Bovary schluckt Gift, Anna Karenina wirft sich vor den Zug. Schriftsteller, Maler, Bildhauer führten dem jungen Fräulein, dem Hausmütterchen, der Dame von Welt die Folgen der Gesellschaftsfehltritte wahrlich bildreich vor Augen. Gerade die Kunst jedoch wurde ein Schlupfloch aus den Zwängen. Dem Künstler wurden seit je Freiheiten zugestanden, die dem Rest der Gesellschaft nicht zur Verfügung standen. Trinkt er, um zu schreiben – macht nichts. Beflügeln ihn Geliebte, um zu komponieren – recht so. Streichen seine Hände über die Haut der Muse, um Schönheit zu meißeln oder zu malen – muss sein im Dienste der Kunst. Hier war die Sittenstrenge gemildert, und als hauptsächliche Auftraggeberinnen hatten zuerst die Damen des Adels willkommen Anteil an den Freiheiten des Künstlers. Mit dem Aufbruch des Bürgertums zur Bürgergesellschaft aber übernahmen Reiche und Wohlhabende die Förderung der Künste, und auch bürgerliche Damen begannen, sich als Gönnerinnen der schönen Dinge zu schmücken. Je mehr die Kunst in deren Salons einzog, desto mehr wagten sie sich selbst in die Rolle des Freidenkers mit allen zugehörigen Männerfreiheiten. Der Preis dafür war zunächst hoch. Sie wurden belächelt und verspottet, argwöhnisch beäugt, als Lebedamen beschimpft und als lose Weiber. Und doch: Aus Frauen wurden Schriftstellerinnen, Malerinnen, Musikerinnen. Sie eroberten sich die Künstler und mit ihnen die Kunst und nahmen sich in ihr die Gleichheit, das zu tun, was Männer tun, überall und jederzeit.

Das zeitgenössische Porträt zeigt die französische Schriftstellerin George Sand (1804–1876), eigentlich Amantine-Aurore-Lucile Dupin de Francueil, gezeichnet von dem französischen Schriftsteller Alfred de Musset.

Ich bin ziemlich verrückt, aber ich bin sehr glücklich

George Sand

George Sand, Gemälde von Auguste Charpentier, 1839

Eine, die sich die Freiheit zu leben nimmt: Amantine-Aurore-Lucile Dupin, die sich als Schriftstellerin George Sand nennt und als George Sand die bestbezahlte und prägendste Schriftstellerin ihrer Tage ist. Als einziger Frau unter den großen Schriftstellern Frankreichs werden ihr Traumhonorare angewiesen. Scheinbar mühelos schnell schreibt sie mit leichter Hand, Werk nach Werk, meist in der Ruhe der Nacht. „Ich versuche immer, mich mithilfe von Kaffee und Zigaretten wach zu halten, damit ich gegen drei Uhr morgens mein Pensum geschafft habe." Théophile Gautier erlebt kopfschüttelnd mit, wie George Sand um ein Uhr nachts einen Roman beendet, um sofort den nächsten zu beginnen, und Friedrich Nietzsche verspottet sie deshalb als „Milchkuh mit schönem Stil". Doch der Eindruck täuscht. Sie fühlt sich als Ochse, Tagelöhner, Sträfling, Sklave ihres Schreibens, das ihr dennoch so viel bedeutet wie ihre Liebhaber. Sie arbeitet weit mehr als hart, meist acht Schreibstunden Tag für Tag. Kommt sie mit einer vereinbarten Lieferung nicht nach, schränkt sie den Schlaf noch mehr ein und zahlt dafür ihr Leben lang mit Kopfschmerzen, Magenkrämpfen oder Fieber. Doch bereits ihr erstes Buch ist ein durchschlagender Erfolg. Sie trifft den Nerv der Leser, besonders der Leserinnen, denn sie schreibt über ein Mädchen, das gegen die bürgerliche Ehe aufbegehrt, weil sie weder Besitz noch Sklavin ihres Herrn und Meisters sein will. Sprengstoff in einer Gesellschaft, in der die Ehe ein Geschäft ist, das Gewinn zu bringen hat. Um sie aus dem Haus und versorgt zu sehen, werden junge Mädchen ohne Federlesen mit weit älteren Herren verheiratet, sofern diese Geld oder Rang haben. Liebesheiraten sind selten. Wünsche spielen keine Rolle. Leiden sie, haben sie ihre Qual schweigend hinzunehmen. Dagegen geht George Sand an. Ob sie von einer Adeligen schreibt, die einen Bauern liebt, doch in die Ehe mit einem Mitgiftjäger ihres Standes gezwungen wird, oder über ungestillte Liebesgelüste – Buch für Buch wächst ihr Schreibruhm, vor allem weil sie Körperlust nicht bloß den Herren zugesteht, sondern sie wie selbstverständlich auch für die Damen einfordert. Selbstredend löst das nicht nur Jubel aus. Charles Baude-

Théophile Gautier, Gemälde von Auguste de Châtillon, 1839

Der Philosoph Friedrich Nietzsche, Porträt von 1882

Der französische Dichter, Kunstkritiker und Essayist Charles Baudelaire

laire: „Sie ist dumm, sie ist plump, sie ist geschwätzig; ihre moralischen Begriffe sind von der gleichen Tiefe wie die der Hausmeister und der ausgehaltenen Mädchen." Schmutzig seien ihre übel riechenden Bücher, die zu Hurerei verlocken, denn Seitensprünge sind für George Sand nicht mehr das alleinige Vorrecht der Gatten sondern nun auch der Gattinnen, falls befriedigendes Eheglück sich nicht in der Ehe einfindet. Skandalös in einer Zeit, in der das Ehebett der offizielle Ort ist, in dem sie ihn züchtig bekleidet duldend zu ertragen hat, ob sie will oder nicht. Für ihre Offenheit schlägt George Sand Bewunderung entgegen, doch ebenso Empörung, denn sie weiß, was sie sagt, weil sie lebt, was sie schreibt. Sie pflückt sich ihre Liebhaber wie reife Äpfel und macht daraus wenig Hehl.

Die einen heißen sie dafür „Latrine", „Kloake", „geniale Null", „Vampir", „Mannweib mit der Männerkleidung, mit der Reitpeitsche in der Hand, dem Dolch im Gürtel, der Zigarette im Mund", die anderen nennen sie schlicht „Stimme der Frau zu einer Zeit, da die Frau schwieg".

George Sand bleibt somit bei allem Zuspruch zu Lebzeiten heftig umstritten, denn ihre allzu freimütige Freizügigkeit erregt Aufsehen wie Widerwillen, Beifall wie Buhrufe. Sie führt ein Leben zwischen den Stühlen, denn: Sie schweigt nicht.

„Das Leben gleicht öfter einem Roman als die Romane dem Leben": George Sand – ein Schreibleben mit dem gewaltigen Werk von gut 180 Büchern, das sie auftürmt mitsamt Abertausenden von Briefen, daneben Theaterstücke und Erzählungen und dazu ihr eigener Lebensroman, der ein Liebesroman ist.

Sein erster Satz wird in Paris geschrieben. 1804, ihr Geburtsjahr. Beethoven sitzt an seiner *Eroica*, der erste Straßendampfwagen rollt, Alexander von Humboldt bringt von seiner Reise durch Südamerika die Dahlie nach Berlin, der Ortler wird zum ersten Mal bestiegen, Napoleon krönt sich zum Kaiser der Franzosen und herrscht in Europa. Er hat die Französische Revolution

Marie-Aurore de Saxe Dupin de Francueil, die Großmutter von George Sand, Pastell vor 1766

für beendet erklärt, deren Bürgerrechtsgedanken Frankreichs Geschenk an die Welt sind. Der Korse Napoleone Buonaparte jedoch schnürt das Paket mit einer blutroten Schleife. Feldzug folgt Feldzug. Österreich und Russland werden in der Drei-Kaiser-Schlacht von Austerlitz besiegt, Preußen unterliegt bei Jena und Auerstedt. Als die französische Armee in Russland vorrückt, brennen die Russen ihre eigene Stadt nieder, das besetzte Moskau, um die Franzosen zurückzuzwingen. Auf dem Rückzug erfriert die *Grande Armeé* im bitterkalten Winter. Der Feind nutzt die Schwäche: Völkerschlacht bei Leipzig. Napoleon muss in die Verbannung, doch er kehrt für hundert Tage an die Macht zurück und marschiert seinem Ende entgegen nach Quatre-Bras. Waterloo, 18. Juni 1815.

George Sands Jahre der Kindheit sind Jahre des Krieges, doch sie sind auch die Jahre, in denen die Armee Frankreichs die frisch errungenen, bürgerlichen Freiheiten der Französischen Revolution im Tornister hat, die sich das ungestüme Mädchen bald schon zugestehen wird, besonders die Gleichheit, denn sie sieht Männern gerade in die Augen.

Ihr Vater, ein Offizier Napoleons, Maurice Dupin, hatte die hochschwangere Antoinette-Sophie-Victoire Delaborde gegen den ausdrücklichen Willen seiner Mutter geheiratet, die sie als Tochter eines Vogelhändlers für völlig unter Stand hielt. Marie-Aurore de Saxe Dupin de Francueil wirft ihr vor, sich als Dirne im Tross der Armee verdingt zu haben, die sich die Heirat schlau erangelte, und als Maurice Dupin nach einem Sturz vom Pferd stirbt, wird die Zwietracht laut. Die alleinstehende Witwe muss das Sorgerecht für ihre Tochter der Großmutter überlassen. Sie hat keine Wahl. Mittellos braucht sie das Geld der Adelsdame, mit ihren erklecklichen Einkünften aus dem Landgut Nohant, auf dem die kleine Aurore aufwächst. Diese ist sechs Jahre alt, als sie ihre Mutter nur mehr selten sehen wird. Die Trennung setzt ihr schlimm zu. Sie fühlt sich im Stich gelassen. Die Angst, verlassen zu werden, bleibt lebenslang.

Um sich ihrer Abkunft würdig zu erweisen, erhält das Kind die strenge Erziehung des Adels. Eine feine Dame soll sie werden, um dereinst eine glänzende Partie zu machen. Doch sie ist ein Wirbelwind, der ausbüxt, um durch den Park des Gutes stromend mit den Bauernkindern zu spielen. Diesem Gebaren wird der Riegel eines Nonnenklosters vorgeschoben, um die Bildung voranzutreiben und dem Mädchen einen angemessenen Gesellschaftsschliff zu geben. Obwohl sie zu den streicheausheckenden „Teufeln" zählt, die nur zu gern über die Stränge schlagen, begegnen ihr die Nonnen so beeindruckend gütig, dass sie zum Entsetzen der Großmutter schwärmerisch bittet, in den Orden eintreten zu dürfen. Diese holt ihre Erbin zurück.

Das Küken wird bald zur heimlichen Gutsherrin, denn die alte Dame, die sie mitfühlend pflegt, erkrankt, und der Aufsicht entronnen, nutzt sie die gewonnene Freiheit. Mit Mütze, Mantel, Gewehr über der Schulter geht sie auf die Jagd, sie reitet allein aus oder begleitet den Landarzt zu den Weilern des Gutes. Bereits als Mädchen beschwört sie so das Geschwätz herauf: Sie nimmt Anatomiestunden, um bei der Krankenpflege besser zu helfen, doch allein die Hose, die sie bei den Ausritten statt eines störenden, weitschweifigen Kleides trägt, ist anstößig, und gar an einem Skelett zu lernen, ist unanständig für eine junge Dame. Als sie sich in Männerkleidern zeigt, um als Student durchzugehen, weil sie aus Mangel an eigenem Geld einen standesgemäßen Theaterplatz nicht bezahlen kann, ist das Naserümpfen gleichfalls nicht weit. Die Zigarre rauchende, männermordende Zerstörerin der Sitten: Der Ruf beginnt schon früh. Sie aber schert das nicht. „Man verabscheut, was man fürchtet", sagt George Sand.

Am 26. Dezember 1821 ist das ungezwungene Leben vorbei. Tod Marie-Aurore Dupin de Francueils. Sie tritt ihr Erbe an. Das Landgut Nohant, das vornehme Stadtpalais „Hôtel de Narbonne" in Paris – die Siebzehnjährige ist versorgt. Die weitläufige Verwandschaft aber besteht auf eine Heirat. Bewerber kamen im Dutzend. Ein fünfzigjähriger General wird ihr schmackhaft gemacht, doch sie schickt die Galane samt und sonders in die Wüste, bis sie dann doch nachgibt – zu ihrem Unglück. Der Backfisch ist zu jung, um dem ständigen Drängen standzuhalten. Aus ansehnlichem Hause und schneidig und mittellos: Lieutenant Casimir Dudevant. Sie heiraten 1822, und sie versucht, ihm gefällig zu sein, wünscht sich leidenschaftliche Eheliebe und schreibt ihm zärtliche Briefe. Er dagegen erweist sich als kalter Fisch. Ihr Geld genügt ihm, das

nun seines ist. George Sand steckt in der Falle. Sie liebt Gespräche, Bücher, Musik, Kunst, er Gelage, Treibjagden, Liebschaften, auf die sie eifersüchtig ist. „Verheimliche mir nichts, berichte mir alles bis ins Kleinste und vor allem schlafe allein." Bald aber stumpft sie ab. Ihre Kinder Maurice und Solange werden geboren, doch auch das bessert ihre Ehe nicht. „Man kann anderen Leuten erzählen, warum man seinen Mann geheiratet hat, aber sich selbst kann man es nicht erklären." Bald sind sie sich fremd, oft leben sie getrennt, sie in Nohant, er in Paris. Ihr endgültiger Bruch beginnt, als er sie bei einer Einladung öffentlich ohrfeigt. Er hat sie gerufen, sie hat nicht auf ihn gehört und weiter Klavier gespielt. Eine Erniedrigung, die sie nie vergessen wird. Sie lässt sich auf sorgsam verborgene Tändeleien ein, doch bis die Ehe auseinandergeht, werden zwölf Jahre ins Land ziehen, in denen ihr Liebeswunsch der Liebeswirklichkeit weicht. „Ich kannte niemand auf der Welt, den ich mit meiner ganzen Kraft hätte lieben können." In dieser Klemme wird sie lebenslang stecken: niemand zu finden, der sie so tief, zärtlich, zuverlässig liebt, wie sie selbst liebt, denn einerseits streitet sie zwar für die Selbstbestimmung der Frauen, doch andererseits sucht sie selbst auch keine Unabhängigkeit. „Die Freiheit zehrt an mir und bringt mich um." Sie sucht eine Liebe, in der sie aufgehen kann. Ihre Freiheit würde sie dafür nur zu gern eintauschen.

Um ihre Liebessehnsucht zu erfüllen, bricht sie aus. Noch verheiratet, beginnt sie ein Verhältnis mit dem neunzehnjährigen Jules Sandeau, in den sie sich 1830 verliebt. Das „Sand" seines Namens wird sie sich als Schriftstellerin zulegen. „Wer die Liebe sucht, findet sie nicht, sie überfällt uns, wenn wir sie am wenigsten erwarten." Tollkühn lässt sie ihn in ihr Zimmer, während ihr Mann im Haus seinen Rausch ausschläft. Ein Freund steht vor ihrem Fenster Schmiere. „Ich bin ziemlich verrückt, aber ich bin sehr glücklich." Sie zögert, mit ihm durchzubrennen, bis sie den letzten Willen ihres Gatten findet. „Welch ein Testament! Verfluchungen und Verwünschungen, nichts sonst. Er hatte dort seinen ganzen Verdruss und Zorn gegen mich angesammelt." Seine Schimpfrede bringt den Ausschlag. Sie gibt ihre Kinder in Obhut und geht mit ihrem Liebhaber nach Paris. Doch ohne die Gutseinkünfte muss sie verdienen, und so beginnt sie zu schreiben. „Ich habe wirklich erst zu leben begonnen an dem Tag, an dem ich für meinen Unterhalt sorgte." Sie genießt die Theater, die Museen, die Cafés, das Pariser Pflaster aber ruiniert ihre Kleider. „Ich war beständig beschmutzt, ermüdet, erkältet und sah Schuhwerk und Kleidungsstücke mit entsetzlicher Geschwindigkeit zugrunde gehen." Um zu sparen, näht sie sich Männerfrack und Männerhosen und schneidert damit ihre eigene Legende von der verruchten Lebefrau. Dass sie sich für ihre Bücher zudem einen Männernamen zulegt, tut sein Übriges. Aus Aurore Dudevant wird George Sand, die eintaucht in die Pariser Künstlerwelt, in

„*Unser Leben heißt Liebe, und nicht mehr lieben heißt, nicht mehr leben.*"

Eine unglückliche Beziehung: George Sand mit ihrem Ehemann Casimir Dudevant

der sie ihren nächsten Geliebten trifft, den Schriftsteller und Frauenhelden Prosper Mérimée. „Die unglaublichste Dummheit."

„Das Leben ist eine Folge von Stichen ins Herz." Das Verhältnis gerät zum Reinfall, denn er ist ihrer rasch überdrüssig. Weitaus leidenschaftlicher, doch wenig besser: Alfred de Musset, dem sie im Palais Neufbourg ein Nest baut. Schriftsteller, Lebemann, stets hervorragend gekleidet, dem Rauschgift zugeneigt, dem Champagner und den Hurenhäusern. Auch er ist jünger als sie. Viele ihrer Liebhaber suchen in ihr eher die Mutter als die heißblütige Geliebte und sie bemuttert gern. Er wohnt bei ihr, doch die Schwierigkeiten beginnen schon nach wenigen Wochen. Was ihn anfangs anzieht, treibt bald einen Keil zwischen sie. „Ein Mann bewundert die Frau, die ihn zum Denken bringt, aber er hält sich von ihr fern." Eine Winterreise nach Venedig läutet das Ende ein. Sie schreibt täglich stundenlang, er fühlt sich allein gelassen und tröstet sich mit Flaschen und Freudenmädchen und ihr leichthändiges Schreiben verbittert ihn. „Ich habe den ganzen Tag gearbeitet. Am Abend hatte ich zehn Verse gemacht und eine Flasche Schnaps getrunken; sie hatte einen Liter Milch getrunken und ein halbes Buch geschrieben." Er trinkt, bis er krank wird, und sie kümmert sich um ihn, und der Arzt Pietro Pagello behandelt ihn, der sich bei den Nachtwachen in George Sand verliebt. Als der nicht wagt, sich ihr zu nähern, schreibt sie ihm einen Liebesbrief, während sie zusammen am Krankenbett sitzen. Halbwegs gesund kehrt Alfred de Musset allein nach Paris zurück, sie aber bleibt bei Pagello in Venedig und sehnt sich zugleich nach Musset, der bedauert, sie verloren zu haben, und sie bestürmt: „Ich würde dir einen Altar errichten, und sei es mit meinen Knochen." Als George Sand mit Pagello im Gepäck wieder in Paris ist, söhnen sie sich aus. Ihr Liebhaber muss gehen. Dann aber wieder Streit und wieder Versöhnung und wieder Streit. Sie schneidet sich aus Verzweiflung ihr Haar ab, das sie ihm schickt, er trägt ihr eifersüchtig die Trennung nach. Eine aufwühlend schmerzliche Liebe, die beide in Bücher gießen, doch die gegenseitigen Kränkungen wachsen sich zu Quälereien aus, bis sie glauben, irrsinnig zu werden. Als George Sand so mitgenommen ist, dass sie nicht mehr schreiben kann, zieht sie schweren Herzens den Schlussstrich. Sie reist nach Nohant und beginnt noch in derselben Nacht ein Buch. Für die Liebe opfert sie alles, bloß nicht ihr Schreiben.

Sie reitet wieder ungezähmt aus, schwimmt und legt sich ans Ufer, um sich Zigarre rauchend zu trocknen. Für die zärtliche und dauerhafte, blinde und stürmische Liebe sei sie nun einfach zu alt, schreibt sie und täuscht sich. George Sand ist erst dreißig. Sie widmet sich hingebungsvoll ihren Kindern und arbeitsfleißig ihren Büchern, doch Nohant ist eine Zuflucht, die sie sich erstreiten muss. Sie einigt sich zwar mit ihrem Gatten, der das Stadthaus bekommt, sie dagegen das Landgut, doch weil er die Vereinbarung widerruft, reicht sie Klage ein. Ihr Anwalt ist Michel de Bourges, ein wagemutiger Verfechter der Bürgerrechte, der gegen Verschwendungssucht, Amtsmissbrauch und Bestechung der Staatslakaien ankämpft. Nach dem Sturz Napoleons ist Frankreich nicht zur Ruhe gekommen. Die Armen wurden ärmer, die Reichen reicher. Hungerrevolten fegten durch das Land. Die ersten großen Fabriken waren entstanden, und mit ihnen wuchsen die Schmutzquartiere, in denen Seuchen die unterernährten Fabrikarbeiter wegrafften, bis „les misérables", die Elenden, in Paris gegen ihre Herren auf die Barrikaden gingen, um nicht vollends zugrunde zu gehen, und sie feuern auf des Königs Soldaten gemeinsam mit Bürgerlichen, die zu den Waffen greifen, weil der Thron ihre in der Französischen Revolution erkämpften Rechte beschnitt, um die Macht in der eigenen Hand zu behalten. Nach einem der Aufstände vertritt Michel de Bourges weit über zweitausend Angeklagte auf einen Schlag, denen das Geld für einen Anwalt fehlt, und auch für George Sand tritt er vor die Schranken des Gerichts, schildert sie beredt als unbescholtene Gattin, die unter einem gewalttätigen Ehemann zu leiden hatte, der die Kammerzofen schwängerte und ein Trunkenbold ist. Die Trennung wird ausgesprochen. Ihr bleiben Nohant und die Kinder. Und ihr bleibt Michel de Bourges. „Die Leidenschaft nahm von uns Besitz. Es gab kein Sträuben, keine Überlegung." Eine Leidenschaft, die nicht hält: Sie liebt stürmisch, er antwortet selten auf ihre Briefe und vermeidet häufige Treffen. Sie bettelt um Liebe, er zieht ein Stelldichein mit ihr vor. Und nicht nur mit ihr. Sie ist nicht seine einzige Geliebte. „Wer nicht geliebt wird, ist überall und mitten unter allen einsam." George Sand verlässt ihn tief enttäuscht nach gut einem Jahr und legt zwischen sich und ihn eine Reise in die Schweiz.

Franz Liszt am Klavier mit andächtiger Zuhörerschaft (v. li.: Alexandre Dumas d. Ä. oder Alfred de Musset, Victor Hugo, George Sand, Niccolò Paganini, Gioachino Rossini, Liszt, Marie d'Agoult und Beethoven-Büste), Gemälde von Josef Danhauser, 1840

„Es gibt eine einzige wahre, große Trösterin: Die Kunst." Und die Berühmtheit George Sand schart berühmte Künstler um sich, die ihr schreiben oder sie auf Gut Nohant besuchen. Bei Fjodor Dostojewski entzünden ihre Werke ein Begeisterungsfieber, Marcel Proust wird von ihrem Schreiben beeinflusst, und wie bei ihm ist ihre Handschrift in vielen, in sehr vielen Werken großer Schriftsteller zu finden, die sich mit ihr besprechen und von ihr entfacht werden, auch weil sie nicht nur gut schreibt. Heinrich Heine: „George Sand, die größte Schriftstellerin, ist zugleich eine schöne Frau. Sie ist sogar eine ausgezeichnete Schönheit." Honoré de Balzac gibt sie Vorlagen für seine Bücher und schreibt ihm das Vorwort für sein unvollendet gebliebenes Mammutunterfangen *Die menschliche Komödie*, das 137 Romane und Erzählungen umfassen soll. 91 schafft er bis zu seinem Tod. Iwan Turgenjew verehrt sie, und Alexandre Dumas ist ihr so zugetan wie Franz Liszt, der Komponist, Klaviervirtuose, Lebemann und Pfau. Tritt er auf, herrscht das Lisztfieber. Verehrerinnen sammeln seine Zigarrenstummel, die sie am Busen tragen, Handschuhe mit seinem Bild werden genäht, Liszt-Bonbons verkauft, Liszt-Tabatieren hergestellt, in Wien wird er lebensgroß aus Marzipan geformt werden, in Südamerika wird wegen seines langen, weißen Haares der „Lisztaffe" nach ihm benannt. Reist Liszt nach den Konzerten ab: Tumult. In Berlin wird er zur Kutsche getragen, die von sechs Schimmeln gezogen wird. Dreißig vierspännige Wagen geben ihm das Geleit. Zahllose andere schließen sich an. Tausende umstehen die Abfahrenden, die Straßen und Plätze, die Fenster aller Häuser sind mit Zuschauern und Zuschauerinnen erfüllt. In Nohant aber sitzt er abgeschieden am Klavier und widmet ihr ein Rondo, sie sitzt am Schreibtisch und hört ihm arbeitend zu. Bei ihr findet er Ruhe, und sie findet durch ihn Frédéric Chopin – der die Anzug tragende, rauchende, freie Liebe predigende George Sand nicht leiden kann: „Was für eine abstoßende Frau, die Sand! Ist sie wirklich eine Frau? Ich neige dazu, daran zu zweifeln." Eine Einladung nach Nohant schlägt er aus. Er mag sie nicht und sie hat zu tun. In Paris steht sie ihrer erkrankten Mutter bei, der sie seit Langem Geld schickt, um sie zu unterstützen. Noch vor deren Tod das Verzeihen: „Sie hat mir manchmal wehgetan und mein größtes Leid ist mir durch sie gekommen. Aber sie hat in der letzten Zeit alles wiedergutgemacht." Danach aber trifft sie abermals auf Chopin.

„Der Widerstand verschafft der Liebe immer kräftigere Waffen." Ein schwieriges Zueinander. Er, der sanfte, schmächtige Pole, sie, die lebensstarke Französin – zu unterschiedlich sind sie. Und doch: „Es gibt nur ein Glück im Leben – lieben und geliebt zu werden." Der sechs Jahre jüngere Chopin beharrt auf gestrige Werte, die fortschrittlich gesinnte George Sand hingegen schreibt gegen die Vorherrschaft der Männer an, er ist gläubig, sie eine Gegnerin des starren Kirchenglaubens,

Frédéric Chopin, Gemälde von Ary Scheffer, 1846

Frédéric Chopin komponiert seine berühmte Nocturne op. 9 Nr. 2.

er ist in Gesellschaft schüchtern, in der sie sich ungezwungen selbstsicher bewegt, sie liebt die Liebe, er ist enthaltsam dem Bett abgeneigt. Eines aber verbindet sie: eben die Kunst. Sie erkennt in ihm das Musikgenie, begeistert sich an seinem Klavierspiel und verehrt seine Kompositionen, und er bewundert ihre Bücher und die gewaltige Schaffenskraft, mit der sie entstehen. Und so trudeln sie denn doch aufeinander zu: Chopin, der am Bruch mit einer jungen Polin leidet, die er zu heiraten gedachte, und George Sand, die für ihn Félicien Mallefille ablegt. Sie will ihn und Chopin wirft alle Bedenken über Bord. Die Luft knistert, als sie auf Tuchfühlung gehen, und um freie Hand zu haben, schickt sie Mallefille mit ihrem Sohn auf eine Wanderreise, die sie bezahlt. Franz Liszt: „George fängt ihren Schmetterling, zähmt ihn, indem sie sich ihn mit Blumen und Honig füttert. Das ist die Zeit der Liebe. Wenn er sich zu wehren beginnt, durchbohrt sie ihn mit ihrer Nadel. Das ist die Verabschiedung, bei der sie die Initiative ergreift. Dann seziert sie ihn, konserviert ihn und tut ihn in ihre Sammlung von Romanhelden." Mallefille aber riecht Lunte und wehrt sich tatsächlich. Er lauert vor der Tür Chopins, bei dem George Sand die Nächte verbringt, er brüllt sie heraus, schreit, wird wild und will töten. Er fordert Chopin zum Pistolenduell, doch die Hähne werden getrennt und Mallefille beruhigt sich. Er gibt auf. Chopin und George Sand aber suchen vorsichtshalber das Weite, auch um Klatsch und Tratsch zu entkommen.

1838. Die Insel Mallorca, auf die sie sich mit den Kindern flüchten, um ungestört zu sein und um seinen Husten zu lindern. Chopin ist kränklich und schwächlich. Seine Lunge ist angegriffen. Sie genießen die letzten Sonnentage, dann aber kommt der Regen in Sturzbächen. Das „Haus des Windes" ist zugig und klamm. Die Wände saugen das Wasser auf, der Ofen zieht schlecht. Chopins Husten verschlimmert sich in der rauchgeschwängerten Luft. Aus Angst vor Ansteckung werden sie zudem vom Hausherrn hinausgeworfen und wechseln in das kalte Kloster von Valldemossa, dessen Zellen Särgen gleichen. Stundenlang kämpft sie sich durch die Unwetter, um Essen aufzutreiben, denn die strenggläubigen Inselbewohner helfen ihnen nicht, weil die Verliebten sonntags nicht zur Kirche gehen und nicht verheiratet sind, vor allem aber fürchten auch sie, sich bei ihm anzustecken, und bewerfen sogar George Sands Kinder mit Steinen, um sie zu vertreiben. Sie pflegt ihn, kocht für ihn, die Ärzte und Händler der Insel verschlingen indes Unsummen und die Küchenhilfe bestiehlt sie. Aber immerhin: Als endlich Chopins Klavier geliefert wird, das im Hafen festgehalten worden war, ist das ein Lichtblick und er wandelt das Prasseln des Regens auf den Dachziegeln zur *Regentropfen-Prélude*. Sie betreut ihn hingebungsvoll, seine Gesundheit aber verschlechtert sich zusehends. Er hustet Blut. Chopins Schwindsucht, die jahrelang von den Ärzten nicht erkannt werden wird, hat begonnen. Sie überstehen den Winter und reisen zurück nach Frankreich, doch auch die Überfahrt macht ihnen schwer zu schaffen. „Wären wir geblieben, wir

wären gestorben, Chopin und ich, er aus Trübsinn und Abscheu, ich vor Wut und Empörung." Chopin wird seekrank, und das Schiff ist vollgestopft mit Schweinen, deren Gestank und Lärm nicht auszuhalten sind, und gelandet in Frankreich, hustet er Blut in Waschschüsseln und schleicht gespenstisch fahl herum. Er braucht Wochen, um sich zu erholen, dann erst reisen sie nach Nohant. Sonaten, Préludes, Nocturnes, Mazurken – auf George Sands Landsitz werden über Jahre Chopins beste Werke entstehen. Gut acht Jahre verbringen sie miteinander, und zwei Jahre nach ihrer Trennung wird er sterben, noch aber sind sich „Samtfinger" und „Engel" ein wonniges Glück.

Die Sommer in Nohant, die Winter in Paris: Vor allem in Nohant findet Chopin mit und bei ihr eine Heimat. Fern des Pariser Treibens gibt ihm das abgelegene Gut die Kraft für seine Werke. Doch bald schon zeigen sich Risse. Einer: Sie ist üble Nachreden gewohnt, er nicht. In Paris mietet er sich daher erst in der Rue Tronchet ein, sie in der Rue Pigalle, danach ziehen sie zwar in die gleiche Straße, bleiben aber in eigenen Wohnungen. Sie errichten eine Anstandsfassade. Selbst für seine Familie in Polen bleibt George Sand unsichtbar. Kehren sie aus Nohant zurück, reisen sie getrennt, um nicht zusammen in Paris anzukommen. Ein zweiter: Sie kümmert sich liebevoll um den stets Kranken, doch je mehr die Pflege ihr zur Pflicht wird, desto mehr fehlt ihr die Kraft beim Schreiben, und je schlimmer ihn die Schwindsucht zermürbt, desto mehr wird sie zur mütterlichen Krankenschwester. Und ein Drittes: seine mit gewaltiger Eifersucht durchsetzte Enthaltsamkeit. Jahr für Jahr mehr kriecht so die Kälte zwischen sie.

Das Ende aber kommt diesmal nicht durch George Sand, sondern durch ihre Tochter Solange, die das ungezügelte Leben ihrer Mutter verachtet. Ein Streit setzt den Schlusspunkt, der hinter dem trüben Schleier der Gerüchte verborgen ist: Knospend ist Solange zur koketten Schönheit herangewachsen. Ihre Eheschließung mit dem Bildhauer Clésinger hatte Chopin bestürzt, weil er sich selbst in sie verliebt hatte. Nach ihrer Heirat kommt Solange nach Nohant, um George Sand Geld für den verschuldeten Clésinger abzuluchsen, das sie verweigert. Im Streit geht Clésinger mit einem Hammer auf George Sands Sohn Maurice los, doch sie wehrt den Schlag beherzt ab. Chopin ist derweil in Paris. Von dem ausgewachsenen Handgemenge erzählt ihm Solange nichts. Dafür stachelt sie seine Eifersucht an. Sie flüstert ihm ein, die Mutter habe längst Geliebte neben ihm. Chopin kennt das Leben George Sands, glaubt ihr unbesehen und schlägt sich voll und ganz auf ihre Seite, ohne mit George Sand auch nur zu sprechen. Ende und aus. Die Jahre mit ihr sind vorbei. Beide leiden unter dem Bruch, doch was folgt, ist Schweigen, und nach seinem Tod 1849 verbrennt sie ihre Briefe an ihn. Sie ist zu stolz, sich zu rechtfertigen, er zu verbittert, um auf sie zuzugehen. Mit der Trennung von ihr aber schwinden Chopins Kräfte

La Cartuja, das Kartäuserkloster in Valdemossa, Mallorca. Von Dezember 1838 bis Februar 1839 war dies der Aufenthaltsort von Chopin und George Sand. Innenansicht der Zelle Chopins mit dem eigens von ihm bestellten Pleyel-Klavier

endgültig. Den Todesstoß habe sie ihm versetzt, die Gesundheit des unglücklichen Chopin untergraben – die Vorwürfe, die ihr dafür gemacht werden, wird sie bis an ihr eigenes Ende nicht mehr los, doch jenes ist noch Jahrzehnte entfernt, in denen sie, die Dame des Adels, sich mit ihrem Schreiben nun auf die Seite der Unterdrückten stellt.

„Machen wir lieber den Armen ein schönes Geschenk, als dass wir Leute, die es gar nicht nötig haben, mit Wein und Essen vollstopfen." In ihrem frühen Werk streitet sie für die Rechte der Frauen, nun streitet sie für die Rechte der verarmten Arbeiter. Ihre Kraft ist ungebrochen. In Königen sieht sie nur Tyrannen, und so eilt sie 1848 begeistert nach Paris, als abermals Barrikaden errichtet werden. Sie legt sich mit dem König an, ermuntert Handwerksgesellen, mit dem Schreiben zu beginnen, die sie mit ihrem Geld unterstützt, und setzt sich dafür ein, dass die rechtlosen einfachen Leute in die geldbeherrschte Nationalversammlung gewählt werden dürfen. Doch ihr Traum eines besseren Lebens für alle in einer gerechten Gesellschaft bleibt ein Traum. Die anfangs siegreichen Revolutionäre unterliegen und nach dem fehlgeschlagenen Aufstand werden die Führer der fortschrittlichen Bürger verhaftet. Weil sie selbst unter Verdacht steht, vernichtet sie alles Belastende mitsamt herausgerissenen Tagebuchseiten, denn sie fürchtet eine Hausdurchsuchung. Um sich nicht dem Vorwurf auszusetzen, sie sei geflohen, wartet sie in Paris zwei Tage lang, und

George Sand, 1865

erst als sie zu ihrem eigenen Erstaunen nicht verhaftet wird, rettet sie sich in die Sicherheit von Nohant. Eine trügerische Sicherheit, denn ihr schlägt das Misstrauen der einfältigen Bauern entgegen, denn die drohen, der Verderbten den roten Hahn auf das Dach zu setzen, weil sie gegen Gott und König zankt. Doch dafür fehlt ihnen der Mut, den sie hat.

In Nohant schreibt sie standhaft Bittbrief auf Bittbrief, um die Freilassung der Aufstandsführer zu erreichen, die verbannt, zu lebenslanger Festungshaft verurteilt oder in die Straflager der französischen Kolonien gesteckt werden. Vier zum Tode Verurteilte eist sie los. Sie erbettelt keine Gnade, sie will Gerechtigkeit. Den zurückgelassenen Müttern, Söhnen, Töchtern der Geschundenen steckt sie Geld zu und sie nimmt einen Flüchtling bei sich auf, doch weil ihr Einsatz nur wenig Erfolg hat, zieht sich immer mehr von der Welt zurück.

In der Landeinsamkeit wandelt sie ihr Schreiben abermals. Sie beginnt heitere, liebevolle Geschichten über das bäuerliche Leben, an deren Ende das Gute siegt. Die Bücher werden ihr nur so aus der Hand gerissen. Ganz harmlos aber sind sie nicht, denn immer wieder flicht sie Armutsschicksale ein, die gebeutelt dem Untergang entgegengehen. Aufrütteln will sie damit, nicht nur klaglos zusehen, und so sagt sie durch schöne Blumen, was laut zu sagen verboten ist: Das Recht auf ein gutes Leben haben die Reichen nicht gepachtet, die den Armen das Lebensglück stehlen. Ein Glück, das George Sand wenigstens im Alter doch noch einmal findet. Alexandre-Damien Manceau wird ihr Geliebter, und Gustave Flaubert, der letzte der großen Schriftsteller ihrer Lebensjahre, mit dem sie sich tief verbunden fühlt, wird ihr Vertrauter, und er wird nach Jahren der Freundschaft das Schlusswort für George Sand schreiben, als sie einer kurzen, aber schmerzhaften Krankheit erliegt, die sie den Tod herbeisehnen lässt. Flaubert bekennt kummervoll, er habe bei ihrer Beerdigung in Nohant geweint wie ein Kind. „Man muss sie so kennen, wie ich sie gekannt habe, um zu wissen, welch ungeheuer weibliches Gefühl in diesem bedeutenden Menschen war und welch ungeheure Zärtlichkeit sich in diesem Genius befand." George Sand stirbt 1876.

Und in jenem Jahr 1876 wird Margaretha Geertruida Zelle, die berüchtigte Mata Hari, geboren.

> „Wenn sie hier vorbeikommen, gehe ich geradewegs auf sie zu; dann ziehen sie den Hut vor mir."

Mata Hari: von vielen Stars kopiert, hier von Leinwandlegende Greta Garbo, 1931

Ich wollte leben wie ein bunter Schmetterling

Mata Hari

Mata Hari tanzt ein Gebet an Shiva, 1905

Erster Weltkrieg, Frankreich, der dritte Kriegswinter. Die kämpferische Begeisterung ist längst verflogen. Doppeldecker, erste Panzer, Giftgas – im Stellungskrieg werden die Schützengräben zu Leichengruben. Millionen Tote. Frankreich ist kriegsmüde. Streiks und Hunger und immer mehr Soldaten, die sich absetzen. Die Standgerichte fällen schnelle Urteile. Um den erlahmten Kriegswillen anzustacheln, wird dem Volk kein Brot, aber ein Spiel gegeben, für das sie, die ehemalige Tänzerin, am Morgen des 13. Februar 1917 in ihrem Pariser Hotel verhaftet wird. Der Vorwurf: Spionage, Zusammenarbeit mit dem Feind, Hochverrat. Sie wird in das Frauengefängnis Saint-Lazare gebracht, Zellennummer 12. Einzelhaft und Besuchsverbot. Ihre Briefe werden einbehalten. Die Aufseherinnen sind Ordensnonnen. Die Anklageschrift wird erstellt. Als sie nach Monaten vorliegt, wird noch am selben Tag in Paris das Kriegsgericht einberufen. Ihr droht die Todesstrafe. Es ist der 24. Juli 1917. Die Verhandlung selbst ist eine Geheimverhandlung, die nicht geheim bleibt. Ihre Haft hat sich längst herumgesprochen. Schaulustige verstopfen den Saal, der geräumt wird. Zu schillernd die Angeklagte, zu aufregend ihr Name. Margaretha Geertruida Zelle, Marguerite Campbell, Lady Gresha MacLeod, Deckname „H 21", Künstlername „Auge der Morgenröte" – Mata Hari.

Verführerisch und leichtfertig – ein Leben verschwimmend im Nebel der Gerüchte, ein Leben, das zur Legende wird.

„Ich bin eine Frau, die ihr Leben genießt. Manchmal verliere ich, manchmal gewinne ich."

Am Anfang gewinnt sie. Pechschwarzes Haar, eine Haut wie Bernstein, Mandelaugen – sie ist der Liebling des Vaters Adam Zelle, dem sie 1876 im niederländischen Leeuwarden geboren wird. Er hat ein Hutgeschäft und gilt als Verschwender und Lebemann, der sich gern aufschneidend „Baron" nennen lässt. Auch Margaretha Geertruida Zelle wird späterhin den Adelsstand anstreben, den ihr das Königshaus aber verweigert. Der Vater verweigert seiner Prinzessin nichts. Er ist zu Geld gekommen, führt ein großes Haus und ist in seine Hübsche schier vernarrt. Zu einem Geburtstag schenkt er ihr eine kleine Kutsche, vor die Ziegen gespannt sind. Die ausge-

Mata Hari, noch Margaretha Geertruida MacLeod, mit ihrem Ehemann, dem englischen Offizier Cambell MacLeod, um 1900

fallensten Spielzeuge, die ausgesuchtesten Kleidchen, die teuerste Mädchenoberschule, in der sie Englisch, Französisch und Deutsch lernt, um sich dereinst in den besseren Kreisen zu bewegen: In einem Schulzeugnis steht, sie ist „vertrokken", verzogen. Die kleine Schönheit genießt die Aufmerksamkeit, die sie allenthalben erregt. Sie wird bewundert, und das macht sie eitel.

1889 der jähe Bruch. Der Vater verzockt sich. Er ist pleite und tauscht das Haus an der Grote Kerkstraat mit einer armseligen Wohnung. Margaretha, die Älteste, muss die kostspielige Schule verlassen, und bald ist auch der Vater auf und davon, und die Mutter verkraftet den Absturz nicht. Sie erkrankt und stirbt. Die Prinzessin wird zum Aschenputtel. Die Kinder werden verteilt. Sie wird nach Leiden geschickt, um zur Kindergärtnerin ausgebildet zu werden. Ganz und gar nicht, was sie sich vorstellt. Betörend ist sie und sinnlich und erblühend und ihr entgehen die Blicke der Männer nicht. Rasch wird hinter vorgehaltener Hand gezischelt, die Siebzehnjährige habe ein Verhältnis mit dem Schulleiter. Sie muss gehen. Traurig ist sie nicht, aber gelangweilt bei Verwandten in Den Haag, deren kleinbürgerlicher Mief sie erstickt. Sie will zurück zu den eleganten Kleidern. Schön ist sie, doch sie will auch wieder reich sein.

„Ich wollte leben wie ein bunter Schmetterling in der Sonne." Ihr Aussehen ist ihr Kapital. Zielstrebig blättert sie täglich die Heiratsanzeigen durch. „Offizier, auf Urlaub aus Indonesien, sucht junge Frau mit liebenswürdigem Charakter zur Eheschließung." Campbell Rudolph John

Zum Scheitern verurteilt: Margaretha Geertruida und Cambell MacLeod

MacLeod, zwanzig Jahre älter, aber leidlich wohlhabend. Der feucht fiebrige Dschungel sitzt ihm in den Knochen und er ist zuckerkrank, aber er bietet Aussicht auf den Luxus, den sie für sich als angemessen betrachtet. Luxus ist ihr Lebenslaster. Sie schreibt ihm und legt ein Bild von sich bei. Er soll sehen, was er für sein Geld bekommt. Mitgiftlos geizt sie nicht mit ihren Reizen und er beißt an. Sechs Tage nach dem ersten Treffen sind sie verlobt, nach drei Monaten, am 13. Juli 1895, sind sie verheiratet, sechs Monate nach der Heirat wird ihr Sohn Norman unmoralisch früh geboren. Ihre Ehe aber wird für beide zur Tortur. Noch übersieht er geblendet ihre Oberflächlichkeit. Er ist stolz auf die junge Schönheit an der Seite, um die er beneidet wird, und sie sieht zu verführerisch aus in den Kleidern, für die sie sein Geld ausgibt, das er so nicht hat. Er glaubt, dass sie als Mutter noch reift und verantwortungsbewusster wird. Sein Irrtum. Ihr Irrtum: Er ist Offizier, aber kein Gentleman. Die Jahre in der Kolonialarmee haben ihn verroht. Er trinkt und spielt und ist ein grobes Raubein. Sie geht darüber hinweg, denn zu süß ist der Traum, in der Blütenpracht der tropischen Sonne Javas als sorglos verwöhnte Dame der Gesellschaft Niederländisch-Ostindiens zu leben. Am 1. Mai 1897 besteigen sie die *Princess Amalia*. MacLeod wurde zu seinem Regiment zurückbeordert.

Herrin eines großzügigen Hauses, Dienstboten, Kindermädchen, auch für die Tochter Luisa Jeanne, die geboren wird, Einladungen und Empfänge, bei denen sie von Anbetern umschwärmt und dafür von den Damen verachtet wird: Sie sieht sich am Ziel. Sie ist es nicht. Schmuck und Kleider, edle Möbel: Bedenkenlos gibt sie seinen Sold aus, er aber mahnt sie zur Sparsamkeit, und überhaupt ist ihm ihr Auftreten zu großspurig und scheint ihm viel zu freizügig. Obwohl selbst nicht von Traurigkeit, ist er eifersüchtig auf die schönen Blicke, die sie den Offizieren zuwirft, und so demütigt er sie vor aller Augen. Er wirft ihr Ehebruch vor, Verschwendungssucht, Dummheit und sie hält dagegen. „Ich bin so schön; wie kann es sein, dass ich so einen alten Mann zu ertragen habe, der so kaputt ist?" Sie beschwert sich lauthals, dass er sie schlage und bespucke, er mäkle nur herum und gängle sie an zu kurzer Leine. Immer ausufernder wird der Streit. „Wenn ich diese Hündin loswerden könnte, wäre ich glücklich. Manchmal kann ich es nicht ertragen, diese Kreatur um mich zu haben."

Dann der Schicksalsschlag: Ihr Sohn stirbt und die Tochter überlebt nur knapp, denn beide sind vergiftet worden. Gemunkelt wird, MacLeod habe ein Verhältnis mit der Haushälterin, deren Liebhaber sich rächte. MacLeod aber gibt ihr die Schuld: Sie kümmere sich nur um ihr Vergnügen, aber nicht um die Kinder. Es ist das Ehe-Aus, das auch die Rückkehr in die Niederlande 1902 nicht aufhalten kann. Er macht sich wortlos aus dem Staub, sie beantragt die Scheidung, vorerst aber wird nur die Trennung von Tisch und Bett gestattet und Kind und Unterhalt werden ihr zugesprochen, doch er denkt nicht daran, ihr auch nur einen Gulden und schon gar nicht die Tochter zu geben, die er ihr entzieht. Im Gegenteil: Er schaltet Zeitungsanzeigen, die bekannt geben, dass er keinerlei Verantwortung mehr für sie trage, und er warnt die Geschäfte, ihr Kredit zu geben. Erst Jahre später werden sie geschieden. Sie wird ihre Tochter nie wieder sehen, doch das ist ihr anfangs eher recht, denn da stehen die Verehrer längst bei ihr in langer Schlange. Ein Kind wäre ihr nur hinderlich auf dem Weg zurück zum Glanz.

Er beginnt mit Scheitern. Sechsundzwanzig ist sie, wieder mittellos und wieder setzt sie auf ihren Körper. Sie bietet sich in Freudenhäusern an, was für sie nicht schlimmer ist als die lästige

Ehepflicht, dann geht sie nach Paris, mit gewaltigen Flausen im Kopf. Sie will nach oben, koste es, was es wolle. Sie versucht, als Kunstreiterin unterzukommen, und bewirbt sich als Aktmodell für Maler, doch die geben ihr zu verstehen, dass sich die Fülle der Tropen zu sehr auf ihre Hüften gelegt hat. Über zwei Bilder kommt sie nicht hinaus, denn Paris wimmelt von exotischen Schönheiten, extravaganten Frauen und eleganten Damen, die in die Ateliers drängen. Das Paris der ausgehenden Belle Époque ist die schillerndste Stadt der Welt, und die ist teuer. Zu teuer für sie. Noch einmal kehrt sie nach Holland zurück, dann aber ist sie wieder in Paris.

Um sich zu halten, braucht sie Gönner, die sie leicht findet. Ältere Herren mit dickem Geldbeutel zahlen gern die Rechnung ihrer Hotels, schenken ihr Kleider oder führen sie aus, um ihre Gunst für die Nacht zu bezahlen. Doch die Herren sind nicht nur wohlhabend, sie gehören auch zur guten Gesellschaft von Paris, mit der sie so auf Tuchfühlung geht. Noch aber sind ihr deren Türen verschlossen, und sie muss handeln, denn Tag für Tag strömen Schöne aus aller Herren Länder in die Stadt. Keiner braucht eine Lebedame, die in die Jahre kommt. Doch sie findet den Schlüssel zu den Türen der Salons: Aus Margaretha Geertruida MacLeod wird Mata Hari.

Am Tag gibt sich Paris bürgerlich gesittet, die Nacht aber gehört den Ausschweifungen, Festen, Vergnügungen. Tout Paris ist gierig auf der Jagd nach dem Unerhörten, das sie ihnen gibt. Sie hat sie gesehen auf Java und Sumatra: die anmutig lockenden Tempeltänzerinnen, geschmeidig in hauchzartem Gewand, das auch sie nun anlegt. Schwarzhaarig, mandeläugig, dunkelhäutig ahmt sie deren sinnerregenden Tanz nach. Die Brüste kaum verdeckt, das sich den Bewegungen anschmiegende Tuch um die Hüfte, das am Ende wie absichtslos hinabgleitet – nach ihrem ersten Auftritt als „Lady Gresha MacLeod" ist sie in aller Munde, nach ihrem zweiten liegt ihr Paris zu Füßen. Sie tanzt im Orientalischen Museum umgeben von Blumengirlanden, im Kerzenschein vor einer Statue des Gottes Shiva zu asiatischem Klang, bis sie nur noch klimpernde Armbänder trägt, Ohrringe, Perlengehänge, von Schmucksteinen verdeckte Brüste. „Die Leute kamen, weil ich die Einzige war, die sich traute, sich in der Öffentlichkeit nackt zu zeigen." Verführerisch und raubtierhaft: Paris hat einen neuen Liebling und sie das passend erfundene Leben, das sie auftischt: Tochter einer indischen Tempeltänzerin sei sie, der als unterwürfige Sklavin der Priester in den dunklen Gewölben des Tempels der heilige Tanz gelehrt wurde, ehe sie von einem schottischen Lord befreit worden sei, der sie unsterblich verliebt heiratete, und als ihr Kind vergiftet wurde, habe sie die Mörderin mit eigenen Händen erwürgt. Mata Hari ist geboren.

„Eine große dunkle Gestalt schwebt herein. Kräftig, braun, heißblütig. Ihr dunkler Teint, ihre vollen Lippen und glänzenden Augen zeugen von weit entfernten Landen, von sengender Sonne und tropischem Regen. Sie wiegt sich unter den Schleiern, die sie zugleich verhüllen und

Mata Hari in ihrem Garten in Neuilly, Paris, um 1913

Mata Hari in der Rolle der Salome, den Kopf Johannes des Täufers vor ihr

Mata Hari, um 1910

enthüllen." – „Ihre Brüste heben sich schmachtend, die Hände recken sich und sinken wieder herab, als seien sie erschlafft vor Sonne und Hitze." – „Ihr Tanz ist ein Gebet: Die Wollust wird zur Anbetung." Endlich. Märchenhafte Gagen werden ihr gezahlt. Schmuck, Pelze, sie leistet sich alles, was sie ersehnt hat. Madrid, Berlin, Monte Carlo, Wien – sie verdient unglaublich viel und gibt noch unglaublich viel mehr aus.

„Mit jedem Schleier, den ich ablegte, stieg mein Erfolg". Von Giacomo Puccini bis Kaiser Wilhelm begeistert sie alle. Sich mit ihr zu schmücken, gilt als schick. Der Geldadel bietet ihr Traumsummen für ihr Bett, die sie gern nimmt, und sie streut geschickt Gerüchte, um sich in die Schlagzeilen zu bringen. Geliebte des deutschen Kronprinzen sei sie, sie werde einen russischen Adeligen heiraten, sie ziehe sich in tibetischen Höhen in ein Kloster zurück. Um Aufmerksamkeit zu erregen, reist sie an den Nil, um sich, wie sie sagt, in die geheimen Mysterien des alten Ägypten einführen zu lassen, und nach wochenlangem Schweigen wird sie für tot gehalten. Als sie dann doch zurückkehrt, wird die Werbung mit ihr zum guten Geschäft. Ihr Bild prangt auf Zigarettenschachteln, Postkarten, Keksdosen, und der Reigen der Liebhaber dreht sich. In Spanien der französische Botschafter. In Deutschland ein verheirateter Offizier, der seiner Dauergeliebten eine Wohnung einrichtet und sich gern und überall mit ihr zeigt und ihr Zutritt zu Adel und Armeeführung verschafft, bis ihm seine ungarische Gattin heimleuchtet. Er zahlt Mata Hari ein Vermögen als Abfindung für ihren Weggang. In Frankreich ein geldstrot-

zender Börsenmakler, der Mata Hari erst auf dem Land im Château de la Dorée unterbringt, mit eigenen Dienstboten und Reitpferden, dann in einem Herrenhaus in Neuilly-sur-Seine nahe Paris. Alles vom Feinsten, das sie genießt. Doch ihr Lotterleben endet, als er sein Vermögen zusammen mit der Abfindung ihres deutschen Liebhabers an der Börse verliert. Sein Verlust ist ihr erster Stolperstein und bald gerät sie vollends ins Straucheln.

Mata Haris Stern sinkt. Sie war der Star der Varietés gewesen, wurde als „Venus" gefeiert, war in Rom und an der Mailänder Scala, der Sprung zur ernsthaften Künstlerin aber gelingt ihr trotz allem nicht. Sie schreibt Richard Strauss, der nicht antwortet, und das „Ballets Russes" unter Sergei Djagilew lehnt sie schroff ab. Sie ist empört, als Djagilew spöttisch von ihr verlangt, nackt vor den Bühnenarbeitern eine Tanzprobe zu liefern. Und noch ein Fehlschlag: Sie versucht sich ihrer Tochter anzunähern, doch MacLeod schickt ihre Briefe ungeöffnet zurück. Eine Vertraute, die Mata Hari nach Holland sendet, kehrt ohne sie heim. Von einer Entführung nach Frankreich ist die Rede. Und auch in Paris neigt sich ihr Glück, denn ihr Erfolg hat zu viele Nachahmerinnen auf die Bühnen gelockt. Jünger als sie, schöner, reizvoller. Im sensationslüsternen Paris wird Tempeltanz zum alten Hut. Zudem werden Zweifel an ihrer erlogenen Vergangenheit immer lauter. Ihre Auftritte werden weniger, dafür wachsen ihre Schulden. Zu sehr ist sie den Luxus gewöhnt. Ihre Zeit der großen Gagen ist in Frankreich vorbei, und sitzen ihr die Gläubiger allzu sehr im Nacken, bietet sie sich in einem der „Maison de Rendez-Vous" an. Doch auch in den Bordellen öffnen ihre Freier die Geldbeutel nicht mehr gar so weit. Sie sinnt auf einen Ausweg – der zur Sackgasse wird. Das Spiel um Mata Hari hebt an.

Reiseziel: Berlin. In Deutschland wirkt ihr Name noch. Sie wurde für eine Oper eingekauft, trifft alte Freunde und sucht sich neue, sie bereitet ihren Auftritt vor, ihre Kostüme werden schon geschneidert, dann aber: Am Abend des 28. Juli 1914 sieht sie den taumelnden Mob durch die Straßen Berlins ziehen. „Deutschland, Deutschland über alles." Kriegsausbruch, Erster Weltkrieg. Aus der Traum. Die Banken sperren „der Französin" die Konten, ihr Agent behält ihren Vorschuss ein, die Schneiderin ihre Pelze und ihren Schmuck. Sie muss weg. Sie versucht, über die Schweiz nach Frankreich zu kommen, an der Grenze aber wird sie nach Berlin zurückgeschickt. Sie hat keinen gültigen Pass. Wie immer in der Not, ist für sie ein Mann nicht weit, der ihr brandneue holländische Papiere und eine Fahrkarte beschafft. Ohne Gepäck und ohne Geld kommt sie in Amsterdam an. Auch dort sind reiche Liebhaber willig, sie auszuhalten, doch sie muss sich bescheiden. Die allzu mondänen Tage sind vorbei. Eine abgehalfterte Tänzerin auf dem Weg nach unten wird im Krieg nicht gebraucht. Sie zieht sich nach Den Haag zurück, die Schulden aber für den immer nötigen Luxus wachsen ihr über den Kopf, bis sie vollständig abgebrannt ist, und so kommt ihr der deutsche Konsul Carl H. Kramer gerade recht. Mit ihm aber verschwimmt ihr Leben im Nebel der Gerüchte, die in Büchern, Liedern und Filmen wie *Mata Hari* mit Greta Garbo fort und fort gesponnen werden. Ihre Lebensfäden verwirren sich zur wahrheitverbergenden Legende. Aus Mata Hari wird „H 21".

Die Legende: Kramer arbeitet für den Deutschen Nachrichtendienst. Er wirbt sie an. Sein Lockmittel ist für sie unschlagbar: ein Batzen Geld und Aussicht auf weitere Bündel. Die Gegenleistung scheint harmlos: nach Frankreich zurückkehren, sich in der Gesellschaft bewegen, bei ihren Freunden, Bekannten, Liebhabern die Kriegsstimmung ausloten, um sie ihm zu berichten.

Mata Hari in vier Posen, sie tanzt vor ihren Freunden in Neuilly den „Mond".

Holland ist am Krieg nicht beteiligt, die Holländerin Mata Hari kann unverdächtig reisen. Für die Briefe an ihn drückt er ihr drei Fläschchen unsichtbare Tinte in die Hand. Gemacht. Leichtsinn? Nervenkitzel? Sie geht an Bord eines Schiffes, um über England an der Front vorbei nach Frankreich zu kommen. Doch die Angst vor ausländischen Spionen geht um.

In England wird sie vom Secret Intelligence Service, SIS, verhaftet, sie wird nach London gebracht, die Spionageabwehr befragt sie, doch da bei ihr nichts Verdächtiges zu finden ist, windet sie sich beredt aus dem Verhör, sie wolle in Frankreich ihren zurückgelassenen Haushalt abholen. Sie darf weiterreisen, die Briten aber senden einen Routinebericht nach Frankreich an Georges Ladoux vom Deuxième Bureau, den militärischen Auslandsnachrichtendienst. Sie steigt in Paris ab und trifft sich wie üblich mit Herrenbekanntschaften. Armee, Kriegsministerium, Außenministerium – alles dabei. Frankreich denke vorläufig wohl nicht an eine Offensive an der Westfront, ist indes alles, was sie ihrem deutschen Führungsoffizier stecken kann, ehe sie mit zehn Packkisten nach Holland zurückkehrt. Was „H 21" erlauscht, sind harmlose Plaudereien. An wirkliche Geheimnisse kommt sie nicht heran. Elsbeth Schragmüller, die Leiterin der deutschen Abwehr in Holland, wird von ihr sagen, sie habe nichts, aber auch gar nichts gebracht, was nicht bekannt gewesen wäre.

„Mata Hari war das schlechteste Pferd in meinem Stall."

In Holland spielt sie die alte Leier: viele Liebhaber, zu wenig Geld. Den Briten aber wird hinterbracht, sie habe von der Deutschen Botschaft einen Scheck erhalten. Ihr Geheimdienst ist nun endgültig hellhörig geworden, hat aber nichts in der Hand. Wieder ergeht Meldung an die Franzosen, die auf Empfehlung der Briten die verdächtige Tänzerin überwachen. Als sie über Spanien nach Frankreich reist, wird sie ausgespäht, ihr Hotelzimmer wird durchsucht, ihre Briefe gelesen. Aber rein nichts Belastendes ist zu finden, und während in Verdun die Schlacht zum Gemetzel wird, geht sie vom Kaufrausch zum Liebhaber zum Kaufrausch. Nichts hat sich geändert. Eines aber doch: Vladimir de Masloff, blutjunger russischer Offizier, 21 Jahre alt. Sie behält ihre geldeinbringenden Amouren, aber sie hat sich Hals über Kopf und diesmal ernsthaft verliebt. Als er beim Fronteinsatz von einer Granate schwer verletzt wird, ist sie verzweifelt. Sie will zu ihm mit allen Mitteln. Er aber liegt im Militärlazarett von Vittel. Gesperrtes Aufmarschgebiet. Zu nah an der Front. Sie braucht eine Sondererlaubnis. Kein Problem. Im für Ausländer zuständigen Militärbüro sitzt einer ihrer Verflossenen – doch sie landet nicht bei ihm, sondern bei Georges Ladoux. Ein folgenschwerer Irrtum. Ausgerechnet die Liebe wird ihr Verhängnis. Die britischen Hinweise haben sein Misstrauen geweckt, für eine Festnahme reicht das jedoch nicht aus. Ladoux bietet ihr daher an, sie auf die Gehaltsliste seines Geheimdienstes zu setzen, um ihr eine Falle zu stellen und sie als feindliche Agentin zu enttarnen. Für das Geld und den Passierschein willigt sie ein. „H 21" wird zur Doppelagentin. Das Netz ist geknotet, in dem sie sich verfängt. Mata Hari fliegt auf.

Was wirklich geschah, ist nicht geklärt. Geheimdienste lassen sich nicht in die Karten schauen. Drei Möglichkeiten von vielen. Möglichkeit eins: der Fehler der Deutschen. In Madrid soll Mata Hari in Frankreich gesammelte Kriegseindrücke an den Leiter der Abwehr der Deutschen Botschaft Arnold von Kalle weitergereicht haben. Der schickt ein codiertes Telegramm an den zuständigen Kramer in Amsterdam. Der britische Geheimdienst fängt den Funkverkehr auf, den er entschlüsselt. Der Klarname von „H 21" ist rasch gefunden. Die Erkenntnis wird Frankreich übermittelt. Ihre Tarnung ist dahin.

Möglichkeit zwei: die Falle der Franzosen. Weil ihm die Beweise fehlen, habe Georges Ladoux ihr den Namen eines deutschen Spions genannt, der wie sie die Seiten gewechselt hat. Doppelagenten aber sind nicht verlässlich. Zwei Fliegen, eine Klappe. Ladoux will das drohende Leck schließen und zugleich den Beweis gegen sie führen, dass sie feindliche Spionin ist. In Madrid gibt sie den Namen weiter. Zwei Wochen nach ihrer Ankunft in Spanien wird der Agent von den Deutschen erschossen. Erwischt.

Möglichkeit drei: die Falle der Deutschen. Mata Hari habe ein Verhältnis mit Arnold von Kalle begonnen, der weiß, dass sie umgedreht wurde. Er liefert sie ans Messer. Im Bettgeflüster habe er sie mit der Falschinformation gefüttert, Deutsche und türkische U-Boote würden vor der marokkanischen Küste stationiert werden, um die französische Kriegsführung zu beeinflussen. Um dieser Desinformation Glaubwürdigkeit zu geben und sie zugleich auszuschalten, setzt er einen Funkspruch mit veraltetem Code ab, den er in der Hand des Feindes weiß, und der hört mit. Der Funkspruch lautet: Mata Hari sei nur zum Schein auf das französische Angebot eingegangen. Sie stehe nach wie vor auf deutscher Seite. Die Antwort aus Deutschland: „Weisen

sie sie an, nach Frankreich zurückzukehren und ihre Aufgabe fortzusetzen." Aus und vorbei.

Sicher ist: Sie kehrt aus Spanien zurück und am 13. Februar 1917 wird sie verhaftet. „H 21" hat sich auf ein Schachbrett begeben, ohne die Regeln und Winkelzüge zu kennen. Sie sitzt im Negligé beim Frühstück, als sie abgeführt wird. Sie ist sich keiner Schuld bewusst. Erst als sie nach ihrem Verhör nicht entlassen wird, erkennt Gefangenennummer 721 44625 die Gefahr, in der sie schwebt. Ihre Zelle in Saint-Lazare ist dunkel, feucht, voll von Ungeziefer. Während ihrer Haftzeit schreibt sie immer verzweifelter an ihren Untersuchungsrichter, den sie mal um Freilassung, mal um bessere Haftbedingungen bittet. Obwohl der keinen schlagenden Beweis für einen tatsächlichen Geheimnisverrat auf dem Tisch hat, bleibt er unerbittlich. „Das Böse, das diese Frau getan hat, ist unglaublich. Sie ist vielleicht die größte Spionin aller Zeiten." Barer Unsinn, aber Frankreich hat zu viele Schlachten verloren, die Front wankt, Arbeiter streiken, Soldaten meutern. Frankreich braucht einen Sündenbock, der an all dem Schuld hat. Eine Spionin mit ihrem aufregend sittenlosen Leben ist bestens geeignet, dem Volk zum Fraß vorgeworfen zu werden. Das Skandalrauschen im Blätterwald lenkt ab vom Versagen der Kriegsführung und der täglichen Not und dem Sterben an der Front. Das Spiel um Mata Hari nimmt seinen Lauf.

Verhöre, Ungewissheit und Haftbedingungen brechen die Luxusverwöhnte. Abgemagert, verwahrlost, ungewaschen gibt sie zu, von Kramer Geld bekommen zu haben, das sie indes nur als Entschädigung für den einbehaltenen Vorschuss, den teuren Schmuck und die wertvollen Pelze betrachtet habe, die ihr nach dem geplatzten Auftritt in Deutschland nicht erstattet worden waren. Sie habe nie die geringste Absicht gehabt, den Deutschen auch nur irgendetwas zu liefern. Geheimnisse habe sie keine verraten, und die unsichtbare Tinte, die sie von Kramer bekam, habe sie gleich ins Wasser geworfen. Doch Kramer und das Geld: Der Anklage reicht das aus. Ihre Sprachkenntnisse, ihre guten Verbindungen, ihre Sittenlosigkeit schüren deren Verdacht. „Ohne Skrupel und daran gewöhnt, sich der Männer zu bedienen, ist sie der Typ einer Frau, die zur Spionin prädestiniert ist."

Nach Monaten der Haft dauert das Kriegsgericht der „gefährlichen Abenteurerin" zwei Tage. Ihre bettelnden Unschuldsbeteuerungen werden gehört, Entlastungszeugen geben an, sie habe nie Interesse an militärischen oder politischen Informationen gezeigt, ihre Gesellschaft sei gerade deswegen angenehm gewesen, weil der Krieg bei ihr nicht vorkam. Ein Verrat kriegswichtiger Geheimnisse kann ihr nicht nachgewiesen werden. „Meine Verteidigung ist, die Wahrheit zu sprechen. Ich bin keine Französin. Ich habe das Recht, Freunde in anderen Ländern zu haben, auch solchen, die im Krieg mit Frankreich sind. Ich bin neutral. Ich zähle auf die guten Herzen der französischen Offiziere." Ihr Schlusswort vor den Militärrichtern verhallt wirkungslos. „Ich werde einmal berühmt sein oder berüchtigt. Am Ende werde ich auf dem Schafott sterben",

hatte sie einst von sich gesagt. Nur in einem täuscht sie sich. Nach weniger als einer Stunde Beratung wird sie am 25. Juli 1917 in allen Anklagepunkten für schuldig gesprochen. Campbell Rudolph John MacLeod, der sonst kein gutes Haar an ihr ließ, wird später sagen: „Was immer sie auch getan hat in ihrem Leben, das hat sie nicht verdient." Berufungsverfahren und Gnadengesuch werden abgelehnt. Das Urteil: nicht das Schafott, sondern Tod durch Erschießen. Als ihr betagter Anwalt sie zu überreden versucht, sie solle angeben, dass sie von ihm schwanger sei, um zumindest dem Tod zu entgehen, lehnt sie entrüstet ab. Die Gedemütigte hat ihre Selbstachtung wiedergefunden, die sich am 15. Oktober 1917 zeigt.

Margaretha Geertruida Zelle wird geweckt. Gefangene erfahren die angesetzte Hinrichtung erst eine Stunde vorher. Sie darf drei Abschiedsbriefe verfassen. Einer gilt ihrer Tochter. Um 6.15 Uhr morgens wird sie zur Befestigung von Schloss Vincennes gebracht und an den Pfahl gestellt. Sie ist einundvierzig Jahre alt. Eine Augenbinde lehnt sie ab. Sie ist zu stolz, um sich anbinden zu lassen. Das Seil wird daher um das Holz und lose um ihre Hüfte gebunden. Ihre letzten Worte gelten dem befehlshabenden Offizier: „Monsieur, ich danke Ihnen." Berichtet wird, zehn der zwölf bereitstehenden Soldaten schießen mit Absicht daneben. Eine Kugel trifft sie ins Knie, eine aber ihr Herz. Zur Vorsicht wird ihr der Gnadenschuss in den Kopf gegeben. Weil niemand Anspruch auf ihre Leiche erhebt, geschweige die Bestattungskosten übernehmen will, wird sie den angehenden Medizinern der Sorbonne zur Verfügung gestellt. Ihr präparierter Kopf wird ins „Musée d'Anatomie" gebracht, aus dem er nach dem Zweiten Weltkrieg gestohlen wird. Er taucht nie wieder auf.

Mata Hari auf ihrem Todesgang am 15. Oktober 1917 in Vincennes bei Paris. Nach zeitgenössischem Aquarell von Caro Rodnan

Camille Claudel: *La Valse*, Bronze, 1895

Ich mache keine Kompromisse

Camille Claudel

Camille Claudel, 1884

In ihren Anfängen eine Schönheit. Herrliche Stirn über wundervollen, tief dunkelblauen Augen. Der große, mehr noch stolze als sinnliche Mund. Eine mächtige, kastanienbraune Haarmähne, die ihr bis auf die Hüften fällt.

> *„Eine ungeheure Ausstrahlung von Mut, Offenheit, Überlegenheit, Fröhlichkeit. Jemand, der reich beschenkt worden ist."*

An ihrem Ende: von Wahnsinn geprägt. Inmitten des Ersten Weltkriegs weggesperrt. „Verrückt. Die Tapeten in langen Streifen von den Wänden gerissen, ein einziger kaputter und zerrissener Sessel, furchtbarer Schmutz. Aufgedunsen und das Gesicht besudelt, unaufhörlich redend, mit monotoner und metallisch klingender Stimme."

Dazwischen: der Skandal. Die Mutter: „Sie hat alle Laster, ich will sie nicht wiedersehen, sie hat uns schon zu viel angetan."

Camille Claudel, 1864 bis 1943, die Künstlerin, die zweimal stirbt. Ihre Briefe: die meisten verschollen. Ihre Werke: die meisten vergessen. Ihr Leben: das meiste lückenhaft, nur spärlich ausgeleuchtet von Erinnerungen anderer.

Und daher: Camille Claudel – eine Vermutung. Schlaglicht eins: Geboren wird sie in Villeneuve-sur-Fère, einem öden Flecken weit von Paris. Ihr Vater, Louis-Prosper Claudel, ist gehobener Provinzbeamter mit laut polternden Wutausbrüchen, denen die Mutter Louise ausgesetzt ist, die sich ihm willenlos beugt. Sie aber hat Ländereien als Mitgift eingebracht, die ihren Wohlstand sichern, und pocht daher standessinnig rangstolz auf gutes Benehmen, das den Schein gesetzter Bürgerlichkeit nach außen wahrt. Im Haus hingegen herrscht dumpfe, angespannte Düsternis im Warten auf das nächste Gezänk der Eltern. Eine Familie mit reichlich Geld, aber wenig Liebe. Eine Familie, in die Camille nicht recht hineinpasst. Der Bruder, Paul Claudel: „Ich sehe sie vor mir wie damals, dieses hochmütige junge Mädchen im triumphalen Glanz der Schönheit und des Genies und mit dieser magischen Anziehungskraft." Ihr Genie: Von früh an kommt sie ständig

schmutzig nach Hause, weil sie fetten Lehm ausgräbt, um ihn zurechtzukneten. Die Mutter schimpft, der Vater nicht. Er stellt ihr vielmehr einen Tisch in die Gartenecke, damit sie darauf ihre noch unbeholfenen Tonfiguren formen kann. Dass die Nachbarn über das für Mädchen ungehörige Treiben den Kopf schütteln, stört den Vater nicht. Er, die Mutter, die Schwester Louise Jeanne, der Bruder Paul, der zum Schreiben begabt ist: Sie alle müssen ihr im beschatteten Garten Modell sitzen. Noch an ihrem Ende wird Camille Claudel sich dieser glücklichen Stunden erinnern. Niemand hat ihr das Abformen beigebracht, sie gelehrt, ihr geholfen – Camille Claudel schöpft unbeirrt und leidenschaftlich aus sich selbst. Sie weiß, was sie kann und was sie will: ihre Begabung leben, ihrem Kunstdrang freien Lauf lassen. „Ich mache keine Kompromisse." Ein kühner Gedanke, denn die Ehe ist nach wie vor das einzig zu erstrebende bürgerliche Lebensziel. Nur ein Fehltritt über die Grenzen des bürgerlich guten Benehmens hinaus, ein einziges Gerücht, eine üble Nachrede, und der Heiratsmarkt ist geschlossen auf immer, zumal in der Provinz, in der jeder jeden kennt. Mädchen sind lästig. Heiraten sie, ist die Aussteuer aufzubringen, heiraten sie nicht, müssen die Sitzengebliebenen durchgefüttert werden. Als Camille geboren wird, weint ihre Mutter und spricht kein Wort mehr, weil sie kein Sohn ist. Dass sie Künstlerin werden will, ist für die Mutter undenkbar. Männer werden Künstler, für Frauen aber ist das entschieden zu anrüchig. Wer weiß schon, was hinter den geschlossenen Türen der Ateliers mit den nackten Modellen so alles geschieht. Zu beherrschend aber ist die Gabe der reich Beschenkten. Sie kann nicht anders. Sie muss.

Die Familie Claudel am Boulevard de Port-Royal (sitzend Louise und die Mutter, stehend von links der Vater Louis-Prosper Claudel, Paul, Camille u. a.), 1887

Bar-le-Duc, Nogent-sur-Seine, Wassy-sur-Blaise, Rambouillet: Der Vater wird häufig versetzt. Geregelte Schulbildung bleibt ihr so verwehrt und ist für eine künftige Ehe auch nicht recht nötig, doch sie darf mit ihrem Bruder Paul am Tisch des Hauslehrers sitzen und sie hat ihren eigenen sturen Kopf: In wilder Wissensgier verschlingt sie Bücher und ist für eine Bürgertochter bald schon verdächtig beschlagen. Lesen wird ihre Flucht aus dem immer gleichen Alltag des Haushalts, den Töchter nur selten verlassen dürfen, und ohne Aufsicht überhaupt nicht. Camille zieht sich in die Bücherwelt zurück, und in der Leseeinsamkeit wird sie verschlossen, schweigsam, eigenbrötlerisch. Eigensinnig ist sie schon lange. In Nogent-sur-Seine dann jedoch eine schicksalhafte Begegnung: Camille ist fünfzehn, als dem jungen Bildhauer Alfred Boucher ihre Tonarbeiten vorgestellt werden. Der ist verblüfft ob der ungewöhnlich vielversprechenden Begabung und angetan von der bezaubernden jungen Frau. Er nimmt sie unter seine Fittiche, zeigt ihr, wie der Ton zu kneten, zu schlagen, zu schneiden ist, bis er so geschmeidig wird, dass er beim Brennen nicht reißt. Von ihm lernt sie ihr Rüstzeug. Ob sie ihm den Kopf verdreht? Paul Claudel, der als berühmter Schriftsteller in seinen Erinnerungen ihr Bild mitzeichnet, schweigt sich beharrlich aus.

Schlaglicht zwei: 1881. Das Leben der Camille Claudel nimmt eine glückliche Wendung. Um dem Sohn eine aussichtsreiche Laufbahn zu ermöglichen, braucht dieser einen geeigneten Schulabschluss. Der Vater entscheidet, die Familie dafür nach Paris zu schicken, obwohl er selbst zurückbleiben und einiges an Wertpapieren und Ländereien verkaufen muss. Stadtluft macht frei, Camille aber muss sich ihre Autarkie willensstark erkämpfen: Alfred Boucher, der nach Paris gezogen ist, macht Madame Claudel die Aufwartung und er setzt sich für Camille ein. Er schlägt vor, ihr Talent weiter auszubilden, zeigt ihre Arbeiten an der „École Nationale des Beaux-Arts" und sie werden ausführlich begutachtet. Camille Claudels Leistung wird anerkannt, in die Kunstakademie aufgenommen aber wird sie nicht. Ihre ausdrucksstarken Figuren sind zu fortschrittlich für die biedere Kunstauffassung des Direktors, und Mädchen sind sowieso nur als Aktmodelle zugelassen. Boucher rät ihr daher, sich als freie Künstlerin der Privatakademie Colarossi anzuschließen, die zahlende Studentinnen annimmt. Die Tochter aus gutbürgerlichem Hause, die sogar beim Wannenbad ein Hemd tragen muss, soll Nackten gegenübersitzen? Die Mutter ist hellauf entsetzt, doch der Wille des Vaters zählt, den Camille erfolgreich bekniet. Er ist Herr im Haus und auf ihrer Seite, genauso wie er die Schreibgabe seines Sohnes fördert. Und mehr noch: Sie darf ein eigenes Atelier anmieten, das sie mit drei jungen Engländerinnen teilt, doch als Boucher ein Stipendium für einen Aufenthalt in Rom zugesprochen bekommt, bittet er einen befreundeten Künstler, ein besonderes Auge auf seine Camille zu haben. Dreiundvierzig

Camille Claudels Bruder, der französische Diplomat und Schriftsteller Paul Claudel (1868–1955)

Atelierraum am Montparnasse, ein ehemaliger Weinpavillon auf der Weltausstellung 1900 und danach durch Alfred Boucher als Atelier- und Ausstellungsgebäude wiederaufgebaut. Hier trafen sich Künstler wie Modigliani, Soutine, Chagall, Zadkine und Léger.

Jahre ist dieser alt, seine Kunst ist heftig umstritten, und er ist noch nicht der Bildhauer von Weltrang, der er mit ihr und durch sie werden wird: Auguste Rodin.

Schlaglicht drei: Vierundzwanzig Jahre älter als Camille, war auch Rodin einst an der École Nationale abgewiesen worden, weil seine Werke nicht dem vorherrschenden Kunstgeschmack entsprachen, und genauso scheiterte ein Versuch, sie im „Salon" zu zeigen, der jährlichen Kunstausstellung auf den Champs-Élysées. Und doch hat er den Durchbruch geschafft. Ohne Akademiestudium, aus eigener Kraft: Das stärkt Camille Claudels Streben, nicht aufzugeben und als Bildhauerin berühmt zu werden. Die Achtzehnjährige übt sofort ihre Wirkung aus. Rodin verschaut sich im Handumdrehen. Der Haken: Er lebt mit einem seiner Modelle zusammen, der Näherin Marie Rose Beuret, mit der er ein Kind hat. Und Camille? Als Künstlerin in der Kunstlandschaft Fuß zu fassen, ist schwierig, er aber kann ihr Türen öffnen und den Weg zumindest ebnen, den sie bedingungslos weitergehen will. Deshalb schließt sie sich ihm an. Einen Lehrmeister hingegen braucht sie nicht. Sie hat ihre Sprache in ihrer Kunst längst gefunden.

Camille Claudel behält ihr Atelier, doch meist schuftet sie nun in Rodins Werkstatt, die von Schülern und Mitarbeitern brummt. Seine Auftragsbücher sind überfüllt. Schweigsam wie immer arbeitet sie ihm fleißig zu, fertigt ihm Skulpturenteile, steht ihm Modell, leiht

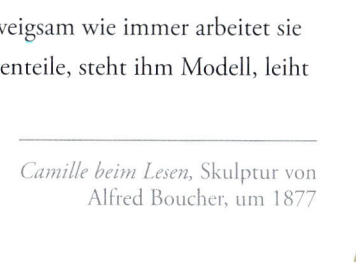

Camille beim Lesen, Skulptur von Alfred Boucher, um 1877

ihren Körper seinen Figuren, und über die Jahre ist so kaum mehr zu unterscheiden, was an seinen Werken von ihm, was von ihr ist. Sie ergänzen sich, verstehen sich, regen sich an, beflügeln sich – und werden ein Liebespaar. In aller Heimlichkeit. Die Tochter aus gutem Stall mit einem, der mit Frau und Kind lebt – den Hurenstempel wäre sie nicht mehr losgeworden. Sie wagt daher nicht, sich dem Gerede preiszugeben, eher schon denkt sie daran, das Verhältnis rasch wieder zu beenden, denn sie ist nicht die Einzige, mit der sich Rodin einlässt. Zu viele Modelle räkeln sich zu verführerisch in seinem Umfeld. Ungehalten erbost reist sie nach England und verbietet ihm Briefe, er aber eilt ihr hinterdrein. Sie schickt ihn dennoch zurück. Rodin nennt sie seine grausame Freundin. Nicht umsonst. Mal ist sie zärtlich und verspielt, mal grob und abweisend. Das Kätzchen hat Krallen. Rose Beuret ist so ahnungslos wie ihre Eltern, bei denen sie wohnt, und ständig muss Camille lügen, um das Verhältnis nicht sichtbar werden zu lassen, doch Rodin will sie nicht missen. Als Geliebte nicht und erst recht nicht als Muse. Sein Angebot: ein Vertrag. Am 12. Oktober 1886 wird er geschlossen. Er legt fest: Er werde nur noch sie unterstützen, er werde keine weiteren Schüler mehr annehmen. „Ich werde keines der weiblichen Modelle, die ich gekannt habe, mehr nehmen." Und: Er werde Camille heiraten. Ein leeres Versprechen, aber eine Aussicht, die sie weiter an ihn bindet.

Schlaglicht vier: gleichfalls 1886. Camille wagt sich mit *Sakuntala* an ihre erste Großskulptur. Ein Mann, eine Frau, aufreizend nackt versunken in vollendeter Zärtlichkeit. Camille Claudel nimmt ihre Kunst aus ihrem Leben: *Sakuntala*, die indische Legende eines Liebespaares, das sich trennt und sich wiederfindet. Zwölf Stunden am Tag rackert sie, einen Tag muss ihr der Mann, am nächsten die Frau Modell stehen, doch die Plackerei zahlt sich aus. In der Pariser Kunstausstellung 1888 wird die Tonarbeit mit einer „mention honorable", einer lobenswerten Erwähnung, ausgezeichnet. Die Besucher bestaunen die Gruppe, Zeitungen besprechen ihre Arbeit – Camille Claudel hat erreicht, was sie immer wollte: Sie gilt als Bildhauerin unter Bildhauern, und weil Rodin sie für ihre Mitarbeit bezahlt, erfüllt sie sich den oft gehegten Wunsch einer eigenen Wohnung, die sie am Boulevard d'Italie findet. Sie entkommt damit den argwöhnischen Blicken vor allem der Mutter, die weder ihre Berufung noch ihre Arbeit mit Rodin billigt, der gleich nebenan ein geheimes Atelier in einem Haus eröffnet, das zwar verfallen ist, aber eine Geschichte hat. Das Palais „Folie Neufbourg" war einst das Liebesnest George Sands und Alfred de Mussets, und auch für Camille und Auguste wird die Villa mehr als nur ein Atelier. Sie beginnen, sich gemeinsam zu zeigen. Der Skandal ist da. Die Hülle des Schweigens fällt. Ihr Verhältnis ist nicht länger mehr verborgen. Camilles Bruch mit der Familie. Besonders die Mutter will mit so einer nichts mehr zu schaffen haben.

Auguste Rodin, Porträtaufnahme von Edward Steichen, Juli 1911

Auguste Rodin, Zeichenskizzen Die junge Camille Claudel mit Buch

Rodin: „Ich habe ihr gezeigt, wo sie Gold finden konnte, doch das Gold, das sie findet, gehört ganz ihr." Spätestens mit *Sakuntala* hat Camilles alles gelernt. Sie ist mit Rodin auf Augenhöhe, doch sie ist eine Frau. Ihre Absicht, die Plastik aus Marmor zu schlagen, scheitert nicht nur an den Kosten für den Block. Dreiundzwanzig ist sie und hofft auf einen Staatsauftrag für die Gruppe, um sie zu meißeln, doch der bleibt aus. Mit *Der Walzer* wird ihr das genauso gehen. Ein tanzendes, nacktes Paar. Zu nackt, um sie mit Staatsgeld zu fördern. Ihr wird empfohlen, die Tänzer zumindest etwas zu bedecken. Ihr bleibt nichts übrig. Sie nimmt den Rat an, arbeitet und arbeitet an der Verhüllung. Als sie fertig ist, wird der Kauf eines Marmorblocks und der Ankauf des Werks beschlossen. Beides aber wird hintertrieben, beides kommt nicht zustande. Eine bittere Enttäuschung. Eine von vielen. Ihre größte Enttäuschung aber ist: Rodin.

„Betrügen Sie mich ja nicht mehr." Ihr frommer Wunsch. Er gibt seine Liebschaften nicht auf und ebenso wenig Rose Beuret, und so schleichen sich die Zweifel der Camille Claudel zwischen sie. Ausgedehnte Sommerreisen an die Loire ins Château de l'Islette ändern das

nicht, und weil ein Techtelmechtel, das Camille mit Claude Debussy anfängt, ihr Rodin nicht wirklich zurückbringt, gibt sie dem betroffenen Debussy den Laufpass. Er habe die Rose geliebt mit traurigem Glanz, wie er sagt, und viel von ihm sei an diesen Dornen hängen geblieben. Auch in ihrem Fleisch aber steckt ein Stachel: ihre Kunst. Sie arbeitet unermüdlich, schafft Werk auf Werk. Hervorragend, außergewöhnlich, zeitlos – und vergeblich. Die Welt sieht in ihren Arbeiten nur die Hand Rodins. Er ist der Meister, sie bloß die Schülerin. „Ich habe Besseres verdient." Das nagt an ihr Jahr für Jahr für Jahr, bis sie nicht mehr kann. Erst verlässt sie das gemeinsame Atelier, dann verlässt sie Auguste Rodin. Von Heirat war schon lang nicht mehr die Rede. Der ist fassungslos, müht sich, sie zu treffen, doch sie geht ihm aus dem Weg. Sie will die Anerkennung für ihre Kunst, sie will auf eigenen Beinen stehen, doch dafür fehlt der Boden. Die Familie: weg. Rodin: weg. Sein Geld, seine Unterstützung: weg. Und die hochlöbliche gute Gesellschaft kauft nicht bei einer Metze. Was ihr bleibt, ist die Armut. „Als sie dreißig war und erkannte, dass Rodin sie nicht heiraten würde, brach alles um sie herum zusammen, und ihr Gemüt war außerstande, die Last zu tragen."

Schlaglicht fünf: der erste Tod der Camille Claudel.

> „Ich bin in den Abgrund gestürzt. Ich lebe in einer so merkwürdigen, so befremdenden Welt. Vom Traum, der mein Leben war, ist dies der Alptraum."

Mutig wie eh und je beißt sie sich zunächst durch. Ihre Wohnung ist nun ihr Atelier, in dem sie sich verschanzt. *Die Schwätzerinnen, Die Welle, Perseus und die Gorgo, Der tiefe Gedanke, Die Sirene.* Ihre Arbeiten sind kunstvollendet, ihr Armutsleben dagegen elend. Ein Elend, aus dem sie *Klotho* formt, die Schicksalsgöttin, die den Lebensfaden spinnt: das Abbild einer ausgemergelten alten Frau, die sich in einem Knäuel aus wallendem Haar und Lebensfäden verstrickt.

Und: *Das reife Alter* entsteht. Eine alte Frau zieht einen Mann fort, nach dem eine junge Frau flehentlich die Arme ausstreckt. Als sie die Plastik ausstellt, ist das Erschrecken groß. Zu lebensnah sind die Figuren. Der Mann: Rodin. Die alte Frau: Rose Beuret. Das junge Mädchen: sie selbst. Sie hat Rodin verlassen, loslassen aber kann sie ihn nicht. Paul Claudel: „Meine Schwester Camille. Flehend, gedemütigt, kniend, so hat sich diese stolze junge Frau dargestellt. Flehend, gedemütigt, nackt, und auf den Knien liegend." Der Auftrag, die Figuren in Bronze zu gießen, liegt bereits vor. Nur Datum und Unterschrift fehlen noch, dann aber: „Neue Anweisungen: Auftrag annulieren." Sie gibt Rodin die Schuld, den sie dem Spott preisgegeben hat, und wohl zu Recht. Ein Vorwurf, der an ihr frisst, bis er sie mit Haut und Haaren verschlingt.

Ausstellungen, Ehrungen, Aufträge, seine *Bürger von Calais*, *Das Höllentor* oder *Der Denker*: Rodin ist der gefeiertste der Bildhauer, sie dagegen verschwindet in seinem Licht, von dem sie überstrahlt wird. Obwohl seine Plastiken ihre Handschrift tragen, steht sie in der Dunkelheit, die sich auf ihr Gemüt legt. In der Welt der Kunst bekommen Männer Anerkennung, Förderung, Preise. Sie aber arbeitet verbissen weiter, doch mehr und mehr meidet sie die Straße. Sie wird noch menschenscheuer als zuvor. Um sich durchzufristen, schreibt sie hilferufende Bettelbriefe, um an das tägliche Geld zu kommen, das sie für sich braucht. Vor allem aber braucht sie es für ihre Werke, deren Entstehung alles verschlingt, was sie einnimmt. Sie stellt aus, doch sie verkauft viel zu wenig, und das, obwohl sie sehr genau weiß, wie gut ihre Arbeit ist. Rodin hält sie klein, Rodin fürchtet ihr Können, Rodin – er ist schuld. Seine Schuld, alles seine Schuld: Das bohrt sich tief in ihre Seele. Aus ihrer Liebe wird Hass. Aus dem Hass Wahn. Verfolgungswahn.

„Meine Schwester! Eine tragische Existenz." Bald sieht sie sich von Feinden umstellt, die Rodin losschickt, um ihre Arbeiten zu stehlen, damit er sie als seine ausgeben kann. Sie sieht sich ausgespäht, glaubt, bei ihr sei eingebrochen worden, um eine Figur zu stehlen. „Da stand vor der Wand eine Frau in Gelb. Seither hat er mehrere Frauen in Gelb gemacht, haargenau wie die meine, und sie auch ausgestellt. Seitdem machen alle Frauen in Gelb, und wenn ich dann die meine ausstellen möchte, werden sie die Gegenrechnung aufstellen und mir meine verbieten lassen." – „Ein andermal tat eine Aufwartefrau mir ein Betäubungsmittel in den Kaffee, woraufhin ich zwölf Stunden ununterbrochen geschlafen habe. Während dieser Zeit drang die Frau in mein Waschkabinett ein und nahm die Frau mit Kreuz. Resultat, drei Figuren Frau mit Kreuz." – „Jedes Mal, wenn ich ein neues Modell in Umlauf bringe, rollen Millionen für die Gießer, die Gipser, die Künstler und die Händler, und für mich … 0 + 0 = 0." – „Er hat befohlen, mich umzubringen. Ich bin ihm im Wege: Er will mich verschwinden lassen." Wird bei ihr angeklopft, steht sie mit einem nagelgespickten Besenstil bewaffnet hinter der Tür, und weit schlimmer noch: Alles was sie schafft, zerschlägt sie am Ende mit dem Hammer, damit es nicht in seine Hände fällt. „Ihre Atelierräume boten dann einen beklagenswerten Anblick, nichts als Trümmer und Verwüstung." Camille Claudel versinkt.

„Ein wenig Fürsorge, ein wenig Glück, ein wenig Freundschaft hätte sie – wer weiß – noch retten können." Doch Hilfe kommt nicht. Bei ihrer Familie ist sie nicht willkommen. Persona non grata. Ihre Mutter verurteilt die Liederliche noch immer scharf, niederschmetternd, beleidigend. Ihre Schwester Louise, die ihr das freie Leben missgönnte, ist nun obenauf. Jetzt will sie der Liebling des Vaters sein. Wenigstens der aber wacht noch über Camille und schickt ihr von Zeit zu Zeit Geld, und auch ihr Bruder Paul lässt sie nicht im Stich, doch er ist zu oft außer

Spätes Bekenntnis: Auguste Rodin und seine Gattin Rose Beuret am Tag ihrer Hochzeit. Der Künstler war 76 Jahre alt.

Plakat von Camille Claudel, davor ihre Skulptur „Die Flehende" (1894)

Landes, als dass er ihr beistehen könnte. Ihr Verfall ist so nicht aufzuhalten. Aus ihrem Atelier wird ihr Gefängnis. Sie schließt sich endgültig ein. „Drinnen waren, wie man sagt, Unordnung und Schmutz unbeschreiblich. An den Wänden, mit Stecknadeln angeheftet, die vierzehn Kreuzwegstationen." Sie ist nur mehr ein gehetzter Schatten ihrer selbst. Die Camille Claudel von einst: schön, mutig, offen, überlegen, fröhlich – sie ist nicht mehr. Ihr erster Tod.

Schlaglicht sechs: der zweite Tod der Camille Claudel: „Man musste einschreiten, und daraus wurden dreißig Jahre." Ein sehr langsames Sterben. Alles beginnt am 2. März 1913, dem Todestag ihres Vaters, von dem sie nichts erfährt. Ihr heimlicher Verteidiger ist tot, die Familie handelt unverzüglich. Am Tag nach der Beerdigung wird ihre Einweisung in eine geschlossene Anstalt erwirkt. Am nächsten Morgen wird sie abgeholt. Ein Bericht: „Etwas Ungeheuerliches und kaum Fassbares ist ihr, die im Vollbesitz ihres schönen Talentes und all ihrer geistigen Fähigkeiten war, widerfahren: Männer kamen in ihre Wohnung, stießen sie ungeachtet ihres empörten Protestes brutal in ein Fahrzeug, und seit jenem Tag ist diese große

Camille Claudel in der Anstalt, 1935

Künstlerin in einem Irrenhaus eingesperrt." Sie wird nach Ville-Evrard gebracht, später nach Montdevergues verlegt. Sie selbst sagt: „Ich musste so hastig wie möglich beiseitegeschafft werden, und obgleich ich mich völlig im Hintergrund halte, in meinem Schlupfwinkel, bin ich immer noch zu lästig." – „Man hält mich fest und will mich nicht loslassen." – „Ich glaube, das geht übel aus für mich."

Wollte die Familie den Schandfleck ausmerzen? Ist Camille Claudel wahnsinnig? Die Wahrheit ist unbekannt. Anfangs wütet sie, wehrt sich, schreibt um Hilfe. Sie ist klarsichtig, ihr Gedächtnis lückenlos, und das wird in ihren ganzen Anstaltsjahren so bleiben, und doch: Bei allem, was sie schreibt, schimmert das Rodinkomplott hindurch, an das sie weiter fest glaubt. Die Freiheit bleibt ihr daher verweigert und sie fügt sich in ihr Los. Bereit, das Leid hinzunehmen, wird sie ruhiger. Sie findet sich klaglos ab, hinter den Mauern den Tod zu finden. Um sie zu beschäftigen, wird ihr Ton gegeben, doch sie rührt ihn nicht an. Niemals mehr wird sie ihn auch nur anfassen, geschweige denn formen. Dreißig Jahre lang. Camille Claudel erhält selten Besuch. Ihre Mutter kommt nie, ihre Schwester kommt nie. Ab und an sieht Paul Claudel nach ihr. Nach Jahren und Jahren in der Anstalt von Montdevergues: Der Wille Camille Claudels bricht. Sanft und friedfertig ist sie geworden, gewalttätig war sie nie, doch als nach Jahren Aussicht besteht, sie zu entlassen, lehnen die Schwester und vor allem die Mutter strikt ab. „Ich werde sie keinesfalls bei Ihnen herausholen. Sie zu mir nehmen oder wieder in ihre alte Wohnung zu bringen, dass sie dort wieder wie früher haust, kommt nie und nimmer infrage, und ich kann mich nicht mit einer Tochter belasten, die die absonderlichsten Ansichten hat, uns gegenüber die übelsten Absichten hegt, uns verabscheut und nur darauf lauert, uns so viel als möglich zu schaden. In ihrer Wohnung hat sie gehaust wie eine Elendskreatur. Türen und Fenster waren mit Ketten und Vorhängeschlössern verrammelt und das Essen stellte man ihr in einer Kiste auf die Fensterbank. Sie selbst und ihre Wohnung waren in grauenerregendem Zustand. Kurzum, sie hat alle Laster, ich will sie nicht wiedersehen, sie hat uns schon zu viel angetan." Das Urteil ist gesprochen. Die Mutter schickt Päckchen, erfüllt Wünsche, schickt Geld, erleichtert ihr Schicksal, wo sie kann, doch aufnehmen wird sie sie nicht, und ebenso wenig wird das ihre Schwester, die nichts mit ihr zu tun haben will. Einerseits. Andererseits: Sie zu pflegen, ihren Wahn in Schach zu halten, ist eine Last, die schwer zu tragen ist.

Am Ende geht Camilles Blick zurück an den Anfang. Am Ende steht das Verzeihen. An Paul Claudel: „Ich denke ständig an unsere liebe Mama. Ich habe sie nie mehr gesehen seit dem Tag, da ihr den unheilvollen Entschluss fasstet, mich in die Irrenhäuser zu stecken!"

Zelda Fitzgerald, um 1930

Der Engel mit den angesengten Flügeln

Zelda Fitzgerald

Und noch ein Leben, dessen Angang hoffnungsvoll beginnt, dessen Ende aber von Wahn verschleiert ist. Es beginnt im Jahr 1900, in Montgomery, Alabama. Sie wird in das neue Jahrhundert geboren: Zelda Sayre. Reich sind die Sayres nicht, aber auch nicht eben arm. Sie verwöhnen ihr Nesthäkchen, aus dem ein Wildfang wird. Hinreißend eigensinnig, ungebärdig, eine unerschrockene Draufgängerin.

> *Kein Baum zu hoch, kein Wasser zu tief: Sie ist mutig bis zum Leichtsinn. Gott allein könne Zelda dazu bekehren, brav zu sein, der Papst genüge dafür nicht, sagt ihre Mutter.*

Sie ist kein „good girl", ein „bad girl" aber ist sie auch nicht. Sie macht alles mit. Sie ist nie der Spielverderber. Und: Sie ist eine „Southern Belle", eine Südstaatenschönheit. Schmachtende Blicke verschlingen den quicklebendigen Teenager. Nur aufgedreht sorglos dahinlebend aber ist sie nicht. Sie ist mitfühlend, nachdenklich, gefühlsempfänglich. Sie schreibt, malt, zeichnet, tanzt hervorragend Ballett, doch lieber noch durchtanzt sie freilich die Bälle der guten Gesellschaft, die sie um den Finger wickelt. Sie ist gern gesehen, strahlend, beliebt. Die Kehrseite: Bekommt sie nicht, was sie will, wird sie unerträglich. Sie glaubt, sich alles erlauben zu können und damit durchzukommen. Schön, beachtet, geltungsbedürftig, ist sie süchtig nach Bewunderung, die ihr mühelos zufällt. Ihr stehen alle Türen offen, die Welt liegt ihr zu Füßen. „Der Name einer Dame sollte nur dreimal im Druck vorkommen: bei ihrer Geburt, bei ihrer Heirat und bei ihrem Tod." Daran wird sie sich nicht halten.

Ihre Nacht der Nächte: 1918. Die brütend lastende Hitze des Sommers. Ein Tanzabend. Unter den Schönen gehört sie zu den Schönsten, die von eingeschüchterten Verehrern umbuhlt werden, die auf ihren Einsatz im Ersten Weltkrieg warten.

Sie tanzt, als er sie entdeckt. Auch er sieht blendend aus in seiner maßgeschneiderten Leutnantsuniform und er hat Schneid. Selbstsicher geht er auf sie zu, unterbricht forsch den Tanz, klatscht ab und fordert sie auf, mit ihm auszugehen. Sie mustert ihn abschätzig. Mit einem, der das so eilig habe, verabrede sie sich nicht, gibt sie schnippisch zurück. Aber immerhin: Sie ist beeindruckt und erinnert sich dieses feschen Tanzes selig noch nach Jahren. Er ist zweiundzwanzig. Sein Name: Francis Scott Key Fitzgerald. Sie zögert, sich mit ihm einzulassen, er aber gibt nicht auf, bis er sie gewinnt. „And so they lived happily ever after" – das ist leider nicht das Ende ihres Märchens. Die Nacht kettet beide aneinander, um sie zu zerstören. Sie sind sich gegenseitig Licht und Motte. „Die Suche nach dem Glück ist das größte und vielleicht einzige Verbrechen, zu dem wir in unserem kleinen Elend fähig sind."

Es ist ein langer Weg, bis sie sich finden. Ihr Schwanken nach dem Tanzabend. Der Krieg ist vorbei, er muss nicht mehr nach Übersee, geht stattdessen nach New York. Sie bleibt zurück. Mal lockt sie ihn mit Liebesbriefen, mal stößt sie ihn fort. Er steht in Flammen, auf die sie immer wieder Sand schüttet. Selten ein Besuch. Sie hat freie Auswahl – er nichts zu bieten. „So leben, dass ich frei atmen kann": Das ist ihr Ziel. Sein Ziel: Schriftsteller werden. Er kennt nur einen Mittelpunkt der Welt: sich selbst und sein ehrgeiziges Schreiben, mit dem er an die Spitze will. Die aber lässt auf sich warten. „Ich hatte einhundertzweiundzwanzig Absagen als Fries in meinem Zimmer aufgehängt." Ein Habenichts, der nicht genug verdient, und so fürchtet sie, in einem bescheidenen Leben mit ihm zur grauen Maus zu werden, die er dann nicht mehr lieben wird. Er aber wirbt beharrlich weiter. Für das erste Geld, das er mit einer seiner Geschichten verdient, kauft er sich eine weiße Hose und für sie einen Fächer aus flamingofarbenen Federn. Nicht nur sie liebt den großen Auftritt. Als sie mit ihm schläft, erklären sie sich für verlobt. Nach einem zu drängenden Versuch aber, sie zur Heirat zu überreden, schickt sie ihn fort und er geht für Wochen auf eine verzweifelt wilde Sauftour. Sie hingegen erregt währenddessen Aufsehen, als sie am Bahnhof von vier Männern zugleich abgeholt wird, von denen jeder glaubt, nur er sei mit ihr verabredet. Sie ist nicht bereit, ihr ungezwungen freies Leben für ihn zu opfern, und er rast vor Eifersucht, denn Zelda hat eine Liebelei, die sie für ihn zwar aufgibt, doch den Abschiedsbrief schickt sie versehentlich Scott Fitzgerald, der seinen Ärger ertränkt. Sie sucht keine bürgerliche Sicherheit, sie sucht das Außergewöhnliche, das sie in ihm findet, als sie sein erstes Buch liest. „Ich bin sehr stolz auf Dich – ich sag das höchst ungern, aber ich glaube, anfangs hatte ich nicht sehr viel Vertrauen in Dich." Er

New York, die Südspitze von Manhattan mit Blick auf die Freiheitsstatue, Ellis Island und den Hafen, Luftaufnahme, um 1920

hat *This Side of Paradise* geschrieben, *Diesseits vom Paradies*. Ein erster Erfolg, von dem er hofft, er werde sie nun endlich überzeugen: „Es gibt noch eine schwache Chance. Zum Glück!" Mit dem Roman in der Tasche bedrängt er sie weiter, bis sie doch noch ins kalte Wasser springt. Ihre Heirat 1920, die beide bereuen werden. „Wir wären viel glücklicher gewesen, wenn ich eine andere Frau und sie einen anderen Mann geheiratet hätte. Wir waren nicht dafür geschaffen, uns zu verstehen."

Dass sie überhaupt zusammen sind, wundert die meisten, die sie kennen. Dorothy Parker: „Das sieht nach einer Reisegesellschaft zum letzten Abendmahl aus." Mit der Heirat überstrahlt sein Schriftstellerglanz Zelda Sayre bis zur Unkenntlichkeit. Sein Leben verdeckt das ihre. Vorerst aber stört sie das nicht. Vorerst.

Ihr Leben in seinem Spiegel. „Ich habe in der Tat die Heldin meiner Romane geheiratet." Mit ihr wird F. Scott Fitzgerald zu dem Schriftsteller werden, von dem Ernest Hemingway sagt: „Der Größte unter uns allen." Sie steht dafür zurück. Sie überlässt ihm ihre Gedanken, ihre Briefe, ihre Tagebücher, doch vor allem schlachtet er sie selbst aus. Immer wieder taucht sie verbrämt in seinen Büchern auf. Sie entwirft Geschichten, die er festhält, sie gibt ihm in endlosen Nachtgesprächen die Stichworte ein, die er ausbaut. „Diese langen Gespräche, die wir spät in der Nacht führten, die um Mitternacht begannen und dauerten, bis wir das erste Licht des neuen Tages sehen konnten, das uns verängstigt in den Schlaf scheuchte, waren etwas Wesentliches in unserer Beziehung, eine Art von Nähe, die wir im Eheleben sonst nie erreichten." Fitzgerald hätte auch ohne sie geschrieben, aber anders. Ihr Einfluss auf seine Geschichten ist ungeheuer, und es kümmert sie nicht, dass ihre eigenen Kurzgeschichten unter seinem Namen herauskommen werden, denn so bringen sie mehr ein. „Das Plagiat fängt zu Hause an." Sie verlangt dafür nur eins: ein schmissig flottes Leben ohne Alltag von Höhepunkt zu Höhepunkt. Ruhm, Anerkennung, Geld. Beide wollen alles, und das sofort.

„Sie lehnte es ab, sich zu langweilen, weil sie selbst nicht langweilig war."

Zelda Fitzgerald liebt ihn mehr, als sie sich zuerst eingestand, und mit einem aufstrebenden Schriftsteller verheiratet zu sein, verheißt ihr das Leben der Bohème. Sie hat sich ihm in die Arme geworfen und beide gemeinsam werfen sich in die Arme von New York. „Amerika war im Begriff, sich zu einem der größten und prächtigsten Festgelage aufzumachen." Flitterglanz und Endlosvergnügen, Jazz und Charleston: Das ist die Bühne, die beide jung und schön und lebensgierig im Sturm erobern. Golden Roaring Twenties. Und beide mittendrin. „Sie sahen aus, als wären sie gerade aus der Sonne hervorgetreten; ihre Jugend war überwältigend." New York, das heißt: viel Kokain und noch weit mehr Schnaps, der trotz des landesweiten Alkoholverbots in Strömen fließt. Schwarzbrennereien schießen aus dem Boden und „Speakeasies", Flüsterkneipen, die von Gangstern wie Al Capone beliefert werden. Deren Banden beharken sich auf den Straßen mit Maschinenpistolen und die Prohibition ist ihr ganz großes Geschäft. Bis zum Verbotsende 1933 hat sich der Alkoholumsatz verdoppelt, allein in New York entstanden dreißigtausend Hinterzimmerbars, in denen die frechen „Flapper Girls" ihre Drinks kippen.

Kurze Röcke, kurzes Haar, Zigarettenspitze, auf gutes Benehmen pfeifend, keck, geschminkt, trinkend, rauchend – und Zelda wird zum flattrigsten Mädchen von allen, Scott Fitzgerald immer mit dabei. Mehr noch: Er treibt sie schier in ihre Verrücktheiten, in denen er seine Geschichten findet. New York ist betört von der allseits angebeteten Schönheit, sie flirtet hemmungslos mit allen, und er fühlt sich geschmeichelt, sie erobert zu haben, solange sie ihm gehört – und nur ihm. Sie werden zu den Partylöwen schlechthin und ziehen die Blitzlichtgewitter auf sich, die sie suchen. Hüpft sie im Abendkleid in einen Springbrunnen, ziehen sie sich besoffen im Theater aus, prügeln sie sich mit der Polizei oder lassen sie sich auf der Motorhaube im Vollrausch nach Hause fahren, sind ihnen die Schlagzeilen sicher. Sie haben das Spiel mit der Presse gleichsam erfunden. Sie zeigen sich und nutzen die Bilder und das Aufsehen, um in aller Munde zu kommen. Ein Traumpaar, ein Skandalpaar, das die Klatschspalten beherrscht. Und über wen gesprochen wird, der verdient gut. Sie brauchen Geld, sehr viel Geld. Ihr Stil ist kostspielig.

„Wer mir einen Helden zeigt, dem zeige ich eine Tragödie." Zelda und Scott Fitzgerald: ein Leben zwischen Rausch und Kater. „Wenn bei ihnen alles gut lief, spürte man es sofort. Sie dufteten gewissermaßen nach Frische, als wären sie gerade dem Bad entstiegen." Doch meistens und zunehmend läuft es nicht gut. Ihre Zweifel an ihm kehren zurück. Anfangs wird die Reue noch überdeckt von dem hitzigen Leben, das sie führen. Verruchtsein ist Trumpf und die Fitzgeralds reizen die Karte aus. Übermütig ziehen sie von Club zu Club in den Trinknächten, die sich ins Morgengrauen schleppen. Fitzgerald ist ständig dunkelblau und sie zieht mit

links und oben: Party und Mode – die Flapper Girls der 1920er-Jahre

ihm gleich. Zwischen den Weltkriegen sind die Goldenen Zwanziger der Vulkan, auf dem sie sich die Füße wund tanzen und Zelda Fitzgerald wird zum nachgeahmten Traum vergnügungssüchtiger Mädchen. „Sie ist zweifellos die gescheiteste und schönste Frau, die ich kenne." Scott Fitzgerald steht ihr in nichts nach. Schreiberfolge bringen ihm das ersehnte Geld, das er nicht versteckt. Dollars lugen lässig aus der Brusttasche seiner Jacke, Zigaretten zündet er großspurig mit einem Schein an und seine Trinkgelder sind mehr als übertrieben. Die ersten Erfolge steigen ihm zu Kopf wie der Whisky. Scott Fitzgerald trinkt immer hemmungsloser, nicht nur in der Ausgelassenheit des wüsten Treibens, und er hat bald seinen eigenen Schwarzmarkthändler, der ihm den verbotenen Stoff kistenweise beschafft. Partys, Abstürze, Ohnmachten im Suff – schreibt er nicht, trinkt er.

Die Feierabende aber sind nur das eine. Das andere ist der Alltag: Trinkt er, ist er zu oft zu jähzornig und beide torkeln viel zu oft benebelt durch die Straßen, und sind sie voll, ist der Zoff nicht weit. Bald sind sie vor aller Augen schlimm zerstritten. Streiten sie, packt sie ihren Koffer, den sie vor die Tür stellt. Auch wenn sie die Nacht dann doch bei ihm verbringt – der Koffer bleibt für alle sichtbar draußen stehen. „Manchmal lassen Zelda und ich uns zu schrecklichen, vier Tage dauernden Zänkereien hinreißen, die stets mit einem Drink beginnen." Sie leben öffentlich, sie zanken öffentlich und der Blätterwald rauscht genüsslich. „Die zwei brauchten beide das Drama." Fitzgerald ist kein Kostverächter. Zu viele Schöne machen ihm schöne Augen. Am meisten aber drücken sie die Schulden nieder. Mit Geld können beide nicht umgehen. Ihr, nicht ihm, werden die Vorwürfe dafür gemacht, dass ihr Gezeter und ihre Verschwendungssucht das Schreibgenie behindern würde. Aber sich küssen und sich schlagen: Zu diesem Spiel gehören zwei. „Glaube nicht, dass die Ehe gelingen kann. Beide trinken heftig. Denke, dass sie in drei Jahren geschieden sein werden, Scott noch etwas Großes schreiben und dann mit zweiunddreißig in einer Dachkammer sterben wird" – nicht die einzige Warnung, die Fitzgerald in den Wind schlägt. „Fitz sollte Zelda gehen lassen und ihr nicht nachlaufen." Doch das kann er nicht. Er hängt an ihr, und das nicht nur, weil er sie für seine Arbeiten braucht, die ihn stetig nach oben bringen, wie gewünscht.

Charleston – der Tanz der Flapper-Generation, Illustration von 1927

Fotomontage von 1927

Charleston und Jazz, expressionistisches Foto, 1928

Berüchtigt ist sie für das Leben, das sie führt, bedeutend aber ist sie als Fitzgeralds Muse. „Sie hat ihm das Modell für alle Frauenfiguren geliefert." Seine Romane *Der große Gatsby*, *Der letzte Taikun* oder *Zärtlich ist die Nacht*, doch weit mehr noch seine Kurzgeschichten spülen über die Jahre reichlich Geld in die Kasse, das der Schnaps wieder hinausschwemmt. Sie sind dauerpleite. Fitzgerald schreibt *Die Schönen und Verdammten*, und schön und verdammt sind sie selbst, denn genährt von der Anerkennung, wird seine maßlose Selbstgewissheit ihre Folter. „Ich bin ein professioneller Schriftsteller mit einer riesigen Leserschaft. Ich bin der höchstbezahlte Story-schreiber der Welt." Sie hat sich dem unterzuordnen. Er ist die Sonne, um die sie gefälligst zu kreisen hat, und in den ersten Jahren kreist sie gern. Doch nicht lange, denn sie verlieren sich in dem Laufrad aus Erfolg und Suff und Geldnot und Scheinwerferlicht, obwohl sie dem Strudel zu entkommen suchen und es doch nicht schaffen.

Das Eis wird dünner. Immer öfter reisen sie nach Frankreich. Siebzehn Schrankkoffer, Kisten, Taschen – die Reisen aber sind nur Fluchten erster Klasse, die nichts ändern. „Sie waren auffällig elegant gekleidet. Sie waren schön – ein Inbegriff der Schönheit." Noch steht die Fassade. Für ihn wird Paris ein Fest fürs Leben, vor allem weil er Ernest Hemingway trifft, mit dem er sich tief verbunden fühlt. Sie treiben sich herum und saufen miteinander, aber sie stacheln sich auch zum Schreiben an. Zwischen beiden ist für Zelda indessen kein Platz, denn sie kann Heming-way nicht leiden. Sie hält ihn für einen Heuchler. „So falsch wie ein Seifenblasen-Scheck." Wirklich gedeckt sind auch die Schecks des Glamourpaares nicht. Ein Bündel Scheine für eine Kapelle, um ein Lied zu spielen, ein Bündel für einen Portier, um ihnen ein Taxi zu rufen – das Geld verrinnt ihnen wie üblich zwischen den Fingern. Fitzgerald lebt auf Pump, auch um ihr das brausende Leben zu bieten, dem er freilich selbst verfallen ist, und sie folgt ihm willig beim Verschwenden. Er wollte reich werden, weil er das Leben der Reichen führen will, und er wurde es. Fitzgerald bewundernd seufzend: „Die Reichen sind so anders als wir." Hemingway trocken zurück: „Ja, sie haben mehr Geld." Häuser, Dienstboten, ausgedehnte Reisen – trotzdem er Unsummen verdient, gibt er mehr und immer noch mehr aus.

Sommer, Sonne, die Strände der Côte d'Azur – nichts ändert sich. Frances „Scottie" Fitzgerald war zur Welt gekommen, doch auch die Tochter hält das Karussell nicht auf. In beider Leben auf der Überholspur wird sie von Kindermädchen aufgezogen, die Fitzgerald auswählt. Zelda hat nicht mitzureden. Er allein bestimmt. Er schreibt so viel, wie er trinkt, sein Jähzorn wächst sich zur Ge-walttätigkeit aus. Die Veilchen blühen, und alles wird immer noch schlimmer, als seine Schreiber-folge den wuchernden Schulden endgültig viel zu weit hinterherhinken. Ihre Zänkereien nehmen überhand. Sie streiten bald nur noch bis aufs Blut oder schweigen sich an, bis keiner mehr mit den

Fitzgeralds zu tun haben will. Zu viel Suff, zu viel aufgesetzte Heiterkeit. Er hat sein Schreiben, sie aber hat nichts. Ihre Einsamkeit wächst. Zelda und Scott Fitzgerald: Aneinandergeschmiedet bleiben sie zusammen, bis der Tod sie scheidet, und der hat die Sense schon in der Hand.

Ihre Jugend ist verbraucht. „The glamour is off." Der Spalt zwischen ihnen wird so breit, dass er sie verschlingt. Der Zauber ist dahin. Sie werden sich fremd. Dann ein schwerer Bruch. Während er schreibt, ist sie allein. Zu allein. Sie beginnt ein Verhältnis mit einem jungen Franzosen, das sie nicht verbirgt. Ein bitterer Schlag für Scott Fitzgerald. Er sperrt sie ein, damit sie ihren Geliebten nicht mehr trifft. Die ausgesperrte Liebelei ist ihr halbwegs gleichgültig, aber sie kann nicht mehr. Der schöne Schein vermag ihre Nöte mit ihm nicht mehr zu betäuben. Zu lange hat sie in seinem Schatten gestanden, zu lange war sie sein Anhängsel und zu lange haben sie sich aneinander aufgerieben. Ihr erster Zusammenbruch. Selbstmordversuch. Die Flügel des Engels sind angesengt. Ihre einst strahlende Schönheit erstarrt zur Maske, und Rastlosigkeit ergreift sie so sehr, dass ihr Morphium gespritzt wird, um sie ruhigzustellen. Die Fehlgeburten, die sie hat, tun das ihre. Ihre Flügel tragen nicht mehr, und sie weist sich selbst in eine Anstalt ein, um sich zu erholen. „Was fange ich nur mit mir an?" Antwort: Sie beginnt sich von ihm zu lösen.

Immer schlechter erträgt sie seine Launen und verheerenden Trinkabstürze, und dass er sie für sein Schreiben ausnutzt, beginnt sie Jahr für Jahr mehr zu ermüden. Glas für Glas stürzen sie sich ihrem Untergang entgegen mit Wein, Bier, Whisky, vor allem aber klarem Gin, der sich leichter als Wasser im Glas tarnen lässt. Für seine Büchern aber ist sie weiter sein Vorbild, genauso wie er selbst, seine Freunde und Bekannten, doch bereits *Der große Gatsby* hatte sich nurmehr schlecht verkauft und auch sonst laufen seine Bücher nicht gut. Das Zeitalter der Golden Twenties, die seine Schreibvorlage sind, neigt sich seinem Ende zu. Allein Kurzgeschichten halten ihn über

F. Scott Fitzgerald, Zelda und Scottie in Italien, ca. 1924

Wasser, doch das Geld dafür fließt ungehindert den Bach hinunter wie eh und je. Er hetzt den Schulden nach, zwingt sich in die Arbeitsfron und trinkt noch schlimmer als zuvor, und so braucht er überlang, um seinen Schreibnachschub zu liefern. „Er ist die große Tragödie einer Begabung in unserer verdammten Generation." Doch was ihn gänzlich aus der Bahn wirft, ist ihre aufkeimende Sehnsucht nach Freiheit. Sie will die hinreißend eigensinnige, ungebärdige Southern Belle zurück. Zelda Fitzgerald begibt sich auf die Suche nach der verlorenen Eigenständigkeit.

Sie beweist sie mit *Save Me the Waltz*, ihrem einzigen Roman, *Ein Walzer für mich*, den sie abgeschirmt von ihm nach ihrem Zusammenbruch in wenigen Wochen bei ihrem Anstaltsaufenthalt schreibt. Ihre Selbsteinweisung kommt nicht von ungefähr. Seine Last auf ihren Schultern war zu groß geworden. F. Scott Fitzgerald ist berühmt, weil er so feinfühlig wie keiner sonst das Lebensgefühl der Zwanzigerjahre beschreibt, doch das toll gewordene Jahrzehnt endet, als die Börsenkurse so rasch fallen wie die Banker von den Wolkenkratzern. Das Gold der Zwanziger erweist sich als Katzengold. Weltwirtschaftskrise. Am „Schwarzen Freitag" gehen die Partylichter mit einem Schlag aus. Essen wird wichtiger als Lesen. Er verdient nicht mehr so üppig wie nötig, aber das gute Leben aufgeben kommt dennoch nicht infrage. Beides zehrt ihn aus. „Ich bin es schrecklich leid, Scott Fitzgerald zu sein." Müde, verbraucht, erschöpft – er altert rasch und sie ebenso. Die Blüte von einst ist geschwunden. Als sie ihren ersten Schritt zurück ins eigene Leben macht, ist zwischen ihnen nichts mehr zu kitten. Sie nimmt Ballettstunden, denn für das Tanzen ist sie nun einmal begabt, und kommt sie am Abend völlig verausgabt zurück, steht sie ihm nicht mehr wie einst gewohnt für die nächtelangen Gespräche zur Verfügung, aus denen er die Einfälle seiner Geschichten saugt. Das Schlimmste für ihn: um die Stunden selbst zu bezahlen, beginnt sie, Kurzgeschichten nun doch unter ihrem eigenen Namen zu verkaufen. Er fühlt sein Schaffen bedroht und sieht sie zunehmend als unliebsame Mitbewerberin auf dem Schreibmarkt, die er zu unterdrücken versucht.

Das ist der derbste Hieb, den sie von ihm einstecken muss: Nach allem, was sie für seine Schreibarbeit getan hat, hält er sie klein. Er will alles wissen, alles sehen, über alles entscheiden, was sie schreibt und was damit geschieht. Eine seiner üblen Beschimpfungen wird mitgeschrieben: „Ich will, dass du tust, was ich will." „Alles was wir gemeinsam gemacht haben, war meine Sache." „Das ist alles mein Material, nichts gehört dir." „Ich will, dass du aufhörst, Prosa zu schreiben. Ob du schreibst oder nicht, ist ohnehin von keiner großen Bedeutung." Seine vor wütender Grausamkeit strotzende Hetzrede füllt über hundert Seiten, voll des Willens, sie zu vernichten. Und doch unterwirft sie sich nicht. Er: „Du bist eine drittklassige Schriftstellerin." Sie: „Warum hast du es dann nötig, dich mit einem drittklassigen Talent anzulegen." Er: „Du hast die Krümel aufgesammelt, die ich vom Mittagstisch fallen lasse." Sie: „Wenn ich so über

Zusammenbruch der Aktienkurse am „Schwarzen Freitag", dem 24. Oktober 1929; vor der New Yorker Börse

jemanden dächte, würde ich mir keine Sorgen darüber machen, was er schreibt." Sie gibt nicht nach und sie schreibt weiter. Wirklichen Erfolg hat sie nicht, aber sie schreibt nun für sich und nur für sich. Sie will sich nicht mehr bloß in seinem Spiegel sehen. Sie will aus seinem Schatten zurück ins Licht und nimmt die wenige Kraft, die sie noch hat, und regt ihre Flügel – zu spät.

Die Schönheit dahin, der ständige Ärger mit ihm, der Weg zur Unabhängigkeit, den er ihr verbaut, so gut er kann – wieder bricht sie zusammen. Sie hört Stimmen, die nicht da sind, geht unablässig über Stunden in ihrem Zimmer auf und ab. Kopf, Gesicht und Schultern sind voller Flecken, die sich entzünden und die Haut zerfressen und ihre einst gerühmte Pfirsichhaut zerstören. Mit Verbänden bedeckt, verbringt sie schlaflose Tage. „Eine einzige schmerzende Wunde."

Die Abstände zwischen ihren Krankheitsschüben werden kürzer. Panikanfälle, verzerrte Wahrnehmung, Halluzinationen. Zelda Fitzgerald fällt in ein tiefes, schwarzes Loch aus dem sie nicht mehr wirklich entkommen wird. „Jeden Tag stirbt ein Teil von mir in dieser grausamen, unablässigen Strafe."

Anstaltseinweisung folgt Anstaltseinweisung. Aber: Fitzgerald lässt sie nicht im Stich. Er ohne seine Zelda – das schafft er nicht. Auch wenn er sie nicht besuchen darf, wohnt er in ihrer Nähe. Sie schreiben sich. Der Ehekrieg klingt nach, aber mit ihrem Versinken findet er seine Zuneigung wieder. „Ein Teil ihres Bewusstseins ist wie ausgelöscht, und so ist sie jemand, den ich nie gekannt habe." Zelda wollte er einst vernichten, um die Fremdgewordene aber kann er sich kümmern und sein Mitleid ist nicht herablassend. „Die Geisteskranken sind immer nur Besucher auf der Erde: ewig Fremde, die zerbrochene Gesetzestafeln mit sich tragen, die sie nicht lesen können." Manchmal holt er sie aus der Klinik, um ihr Abwechslung zu verschaffen, und manchmal hat ihre Verwirrtheit seine aberwitzigen Seiten: Bei einem Ausflug stiehlt sie seine Kleider und sperrt ihn in ein Zimmer. Sie holt einen Arzt und erklärt, Fitzgerald sei geisteskrank, und der hat alle Mühe, den Doktor zu überzeugen, dass sie die Irre ist. Sie finden Zelda in einem Park, als sie ein Grab für seine Hosen aushebt. Doch um nichts in der Welt hätte er sie im Regen stehen lassen, auch nicht als er sich eine Geliebte zum Trost nimmt, und erst nach sehr lang werdenden, aufreibenden Jahren geht ihm die Kraft aus. „Ich kann nicht in der Geisterstadt wohnen, zu der Zelda geworden ist." So schwankend ihre Stimmungen aber werden, so zornig und unerreichbar traurig sie oft ist, eines macht sie nicht: Sie ringt mit ihm, versucht sich freizuschwimmen, aber sie hasst ihn nicht. Sie brauchen einander trotz allem und beide wissen um ihre Mitschuld und ihr Versagen: „Wir haben uns selbst ruiniert." Weil sie sich nicht von ihm befreien kann und er nicht von ihr, bleiben sie in ihrer tödlichen Umarmung verstrickt. Sie kann sein Ende, er kann ihr Ende nicht aufhalten.

Sein Ende: Hollywood, 21. Dezember 1940. Jahrelanges ausschweifendes Trinken hat ihn zermürbt. „All fire is spent." Er ist kaputt vom Schreiben, vom Saufen, von ihren Zusammenbrüchen. Er verdient an seinen Büchern, doch nicht genug und beileibe nicht mehr so viel wie einst. Er hetzt wie immer den Schulden hinterher, die ihn völlig ausmergeln. „Es würde mir gefallen, einmal morgens aufzuwachen und mir sagen zu können: Heute keine Sorgen, keine Schulden." Ihre erheblichen Anstaltskosten, für die er alles tut, um sie zu bezahlen, dazu das Schulgeld für die gemeinsame Tochter, sein eigener Lebensstil auf weiter viel zu großem Fuß – zum Schluss versagt ihm das Herz. „Mein Talent ist voller Narben." Er ist vierundvierzig Jahre alt. Am Abend vor seinem Tod hatte er sich einen Film angesehen: „This Thing Called Love". Ein Filmtitel wie ein Abgesang auf ihre Liebe. Geschminkt liegt er mit den faltigen Händen eines sehr alten Mannes in der Leichenhalle. Nur wenige nehmen Abschied. Zu viele haben sie verprellt, und der gefeierte Stern am Bücherhimmel ist längst so gut wie vergessen. Als sie von seinem Tod erfährt, bricht sie gänzlich zusammen. Acht verstörte Jahre wird sie ihn überleben. „Auch wenn wir uns nicht mehr sehr nahestanden, war Scott doch der beste Freund, den es für mich geben konnte." Sein Tod indes wird nicht zu ihrer Befreiung, denn bei allem, was sie sich antaten, war sie sein Leben und er das ihre.

Ihr Ende. Asheville, North Carolina, 10. März 1948. Die angesengten Flügel des Engels werden zur schaurigen Wahrheit. Das Leben mit ihm hat sie verzehrt, sein Tod ihr die Hoffnung genommen. Niemand, sagt sie, habe jemals ausgemessen, wie viel das Herz aushalten kann. Immer unruhiger war sie geworden, seit sie sich zum ersten Mal freiwillig selbst einlieferte, und die Schwermut hat ihr Leben seitdem vollends verdunkelt. Ihre Krankheit hat einen Namen: Schizophrenie. Von Anstalt zu Anstalt war sie gewechselt, aber nichts half. Gut achtzehn Jahre dauert der Irrweg schon an, mitsamt gescheiterten Selbstmordversuchen. Der eigene Suff und ihre überdrehte Lebensgier haben sie zerstört.

In lichteren Zeiten wohnt sie nun bei ihrer Mutter in Montgomery, in düsteren geht sie in die beschützende Anstalt von Asheville. Ihr Blick traurig und gequält, Falten über Falten im erdfahlen Gesicht – sie ist alt geworden. Oft starrt sie ins Leere, beißt sich auf die Lippen und ringt die Hände. Sie ist allein mit ihrer Vergangenheit, ihrem gescheiterten Leben, dem Alter, der Hässlichkeit, ihren Erinnerungen. Ihr Körper wird zur Hülle. An guten Tagen geht sie spazieren und sitzt mit ihrer Mutter auf der Veranda. Sie fächeln sich träge Luft zu in der Hitze des Südens, trinken eisgekühlte Limonade oder spielen Karten. An schlechten Tagen überfällt sie der Irrsinn, der als heulender Klagelaut eines waidwunden Tieres aus ihr hervorbricht. Oft verstummt er mit einem Türenknallen. Ihr Trost ist der Garten. Sie liebt die Blumen, die sie selbstvergessen malt. Die Schübe des Wahnsinns aber bringen ihren Lebensfunken zum Erlöschen. Um der völligen Umnachtung zu entgehen, rettet sie sich noch einmal nach Asheville.

Die Mutter bringt sie zum Bahnhof. Als sie in den Zug steigt, dreht sie sich noch einmal um: „Mama, mach dir keine Sorgen. Ich habe keine Angst zu sterben." Ihr Sterben mit siebenundvierzig Jahren ist ungeklärt. Todesursache: verbrennen. Gerüchte sagen: Die Fenster der Nervenheilanstalt waren mit Ketten gesichert, ihre Tür abgeschlossen. Acht weitere sterben mit ihr in dem Brand, der in der Küche ausbricht. Sie entkommt den Flammen nicht, die sich rasch zu ihr durchfressen. Die Leiche ist vollständig verkohlt. Erkannt wird Zelda Fitzgerald an einem ihrer Pantoffel, der das Feuer überstand. Der Pantoffel ist das einzig märchenhafte am Ende ihres Lebens. To live happily ever after; Es war ihr nicht vergönnt. Die wenigen Knochen, die von ihr blieben, werden neben Francis Scott Fitzgerald beigesetzt und der Schlusssatz aus *Der große Gatsby* wird in den Grabstein gemeißelt: „So kämpfen wir weiter, wie Boote gegen den Strom, und unablässig treibt es uns zurück in die Vergangenheit."

Zelda Fitzgerald und
F. Scott Fitzgerald, 1921

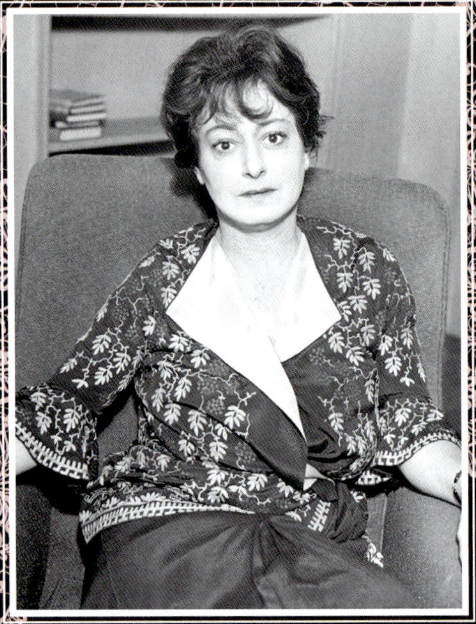

Dorothy Parker, 1932

Was zur Hölle ist jetzt wieder passiert!

Dorothy Parker

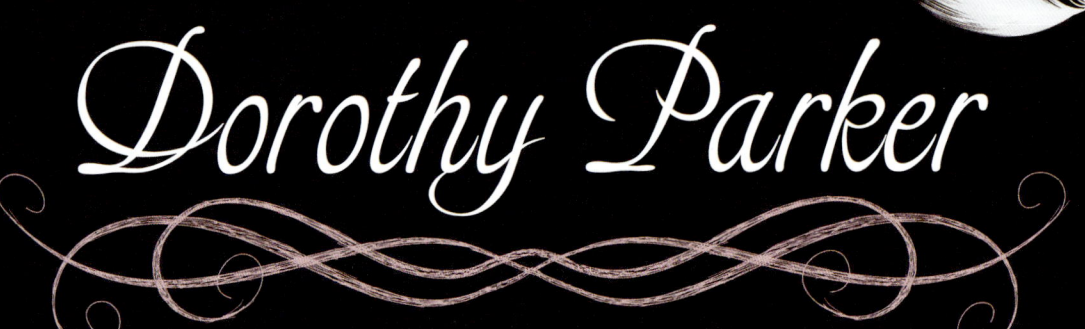

*„Ich trinke einen Martini;
höchstens zwei;
bei drei liege ich unter dem Tisch;
bei vier unter meinem Gastgeber."*

Was sie zum Schreiben brachte? „Geldmangel." Wie die Schiffsreise war? „Alles, was ich in mir behalten konnte, war der Erste Offizier." Als eine weit Jüngere ihr mit „Alter vor Schönheit" den Vortritt lässt, kontert sie: „Und Perlen vor Säue." Ihre Buchbesprechungen sind berüchtigt, ihre Bühnenkritiken gefürchtet, und in ihren Kurzgeschichten findet sich mancher beschrieben, der darin bestimmt nicht auftauchen will. Zückt sie ihren Stift, geraten viele ins Schwitzen. Auch sie ist eine große Trinkerin vor dem Herrn und auch sie kämpft im Strom ihrer Zeit: Dorothy Parker, 1893 bis 1967, Schriftstellerin, Theater- und Buchkritikerin – gewitzt, geistreich, schlagfertig, nie um ein scharf zungenfertiges Wort verlegen. „Mrs. Parker zu zitieren wurde zur beliebtesten Indoor-Sportart der Stadt." Die Stadt ist New York, und ihre geschliffenen Sätze machen sie berühmt – und sie helfen, ihre wahren Gefühle zu verbergen. „Ehe ich meine Autobiografie schreibe, schneide ich mir lieber mit einem stumpfen Messer die Kehle durch." Sie überpinselt ihr Leben und streut die widersprüchlichsten Geschichten über sich aus, um sich einen Schutzmantel zu schaffen, unter den sie nur selten einen Blick gewährt. „Ich kümmere mich nicht darum, was über mich geschrieben wird – solange es nicht wahr ist." Stark ist sie und verletzlich zugleich, grausam und mitfühlend, warmherzig und sehr, sehr spöttisch. Dorothy Parker: ein Leben zwischen ganz oben und sehr weit unten.

Geboren wird sie als Dorothy Rothschild. „Großer Gott, nein! Wir haben niemals von *diesen* Rothschilds gehört!" Wohlhabend sind sie trotzdem, mitsamt Luxusapartment, Landhaus, gehörig Personal und besten Privatschulen. An Kindheit, Familie, Schule lässt sie später dennoch kaum ein gutes Haar. Wohl zu Unrecht. Mit fünf der erste tiefe Einschnitt: der Tod der Mutter. Tagelang ruft das Kind verzweifelt nach ihr und gibt sich die Schuld, denn die Nachzüglerin war eine Frühgeburt, die ihre Mutter schwächte. Dies sei das letzte Mal gewesen, wird sie sagen, dass sie zu irgendetwas zu früh gekommen ist. Um seine Familie gut versorgt zu wissen, heiratet der Vater wieder, doch seine vier Kinder verachten „die Haushälterin": „Ich redete sie überhaupt nicht mit Namen an: ‚He du', das war das höchste der Gefühle." Weder Mütter noch Väter werden in Mrs. Parkers Kurzgeschichten gut abschneiden, denn wer ihr krumm kommt, läuft Gefahr, durch ihren Wortwolf gedreht zu werden. „Frauen und Elefanten vergessen niemals."

Wenig erfreulich auch die Nonnenschule, die sie für genauso albern hält wie die religionshörige Stiefmutter. „Wenn ich von der Schule nach Hause kam, begrüßte sie mich mit den Worten: ‚Hast du deinen Herrn Jesus heute schon geliebt?' Nun, was soll man darauf antworten?" Die Ärmste hat bei der Vorwitzigen keinen leichten Stand und genauso treibt die kleine Dottie die Nonnen in den Wahnsinn. „Schließlich hat man mich wegen verschiedener Sachen rausbefördert, nicht zuletzt deshalb, weil ich die unbefleckte Empfängnis als Selbstentzündung definierte." Dorothy ist keine zehn, als die Stiefmutter aus heiterem Himmel stirbt. Ein Tod, der sie vollends verstört, denn sie ist gewiss, nun auch sie um die Ecke gebracht zu haben, und fortan rechnet sie lebenslang stets mit dem Schlimmsten. Läutet die Türglocke oder schellt das Telefon: „Was zur Hölle ist jetzt wieder passiert!"

„Alles ist immer schlimmer, als man sich's vorgestellt hat."

Noch einmal Schule, die sie mit vierzehn aufgibt, dann lebt sie, ganz Upperclass, beschäftigungslos gelangweilt vor sich hin, bis den Vater ein Schicksalsschlag trifft, von dem er sich nicht mehr erholt. 14. April 1912: Untergang der *Titanic*. Sein geliebter Bruder war an Bord, der seine Frau ins Rettungsboot schaffte, seinen Sitz aber einem anderen gab. Kaum ein Jahr danach erliegt ihr Vater der angegriffenen Gesundheit, und Dorothy muss zusehen, wie sie sich durchbringt, denn ihr sei nichts hinterlassen worden, das Familienvermögen sei versickert, sagt sie zumindest, und so ist sie gezwungen, sich ihren eigenen Platz im Leben zu erobern, und der ist New York. Die Stadt, die niemals schläft, ist eine Stadt im Wandel: Fließbandautomobile haben begonnen, Kutschen und Fuhrwerke abzulösen, statt Gaslaternen brennen elektrische Birnen, erste Telefone verbinden die Haushalte, die Untergrundbahn geht in Betrieb, Wolkenkratzer werden gebaut, das Empire State Building prägt mit über hundert Stockwerken die Skyline Manhattans. In den Mietskasernen dagegen teilen sich zehn Bewohner eine Toilette. Einwanderer überfluten die gesteckt volle Stadt, die auf drei Millionen wächst. Wenige sehr

Reiche, dafür wuchernde Elendsquartiere, in denen Tellerwäscher für ihren amerikanischen Traum rackern. Die Armut ist überall, die Müllabfuhr nicht. New York ist pulsierend und lieblos kalt, mondän und knallhart. Noch müssen Frauen über dem Badeanzug einen Rock anziehen, um nicht unzüchtig viel Bein zu zeigen, doch sie gehen für ihr Wahlrecht auf die Straße, und bald schon werden sie sich die Haare abschneiden, Fransenkleidchen tragen oder Hose und Anzug, um mit Bubikopf und Zigarettenspitze in die Tanzlokale zu strömen, denn das vergnügungssüchtige New York ist tanzwütig, zu Dorothys Glück. Sie kommt in einer Tanzschule unter, spielt Klavier und ist Ersatztänzerin bei Männerüberschuss.

New York aber hat eine zweite Leidenschaft: kleine, putzmuntere Gedichte, die mit wenigen Strichen heiter, witzig, bissig das Leben aufspießen. Die Zeitschriften sind voll davon. Auch Dorothy schreibt, und als eines ihrer Gedichte von der landesweit führenden *Vanity Fair* tatsächlich genommen wird, marschiert sie schnurstracks im besten Kleid zum Herausgeber, ihn zu überzeugen, welch elende Vergeudung das sei, ein solch einzigartiges Talent wie sie nicht einzustellen. Sie macht ihm weis, das Gedicht sei das erste überhaupt, das sie je geschrieben habe. Frechheit siegt. Für *Vanity Fairs* Schwesterblatt, der *Vogue*, der einflussreichsten Modezeitschrift der Welt, drechselt sie nun Bildunterschriften, denen sie ihren überaus eigenen Ton gibt, denn zweierlei kann sie eigentlich ganz und gar nicht leiden: brave Hausfrauen und geleckte High-Society-Püppchen, die vom Geld ihres Mannes leben. Die ganz besonders sind ihr Feind, zum Leidwesen der Herausgeberin, die sie dennoch nicht feuert, weil Dorothy wirklich so gut ist, wie sie sagt.

Sich nach dem letzten Schrei zu kleiden, ist für die Mitarbeiterinnen selbstredend Vorschrift, und das kommt ihr sehr entgegen. Phänomenale Hüte, maßgeschneiderte Kleider – sie hat eine Vorliebe für den „dernier cri". Mode kann man kaufen, Stil hat man, das ist verordnetes Glaubensbekenntnis für die Angestellten, und Seidenstrümpfe und weiße Handschuhe sind für die Damen des Modeblattes gleichfalls Pflicht, das den Jahrmarkt der Eitelkeiten befeuert – den Dorothy auf die Schippe nimmt. Die *Vogue* verkauft Mode, doch mehr noch verkauft sie den Traum vom besseren Leben. Die weitaus meisten Leserinnen gehören nicht zu den Schönen und Reichen, dafür sind sie jung und aufstrebend und vor allem sind sie selbstbewusst und lebenshungrig. Öffentlich rauchen und trinken, allein ausgehen, tanzen, Bars – sie nehmen sich kess das bisher Undenkbare heraus, und sich schick zu machen, wird sichtbarster Ausdruck ihrer wachsenden Unabhängigkeit. Die Brillanten bei Tiffany sind für sie zwar unerreichbar, doch gerade darum lieben sie Dorothys süffisante Nadelstiche gegen blasierte Gesellschaftsdamen, die in den Läden stehen,

Cover der *Vanity Fair*, 1914

links: der Schriftsteller Truman Capote, Fotografie von Carl van Vechten, 1924

rechts: Robert Sherwood, Foto von 1939

während sie sich die Nasen am Schaufenster platt drücken müssen. „Wenn sie unartig war, dann trug sie dieses göttliche rosa Seidennachthemd." Eine Dame „unartig"? Ungeheuerlich. „Das absolut richtige Kleid für Miladys Spritztour!" Der Hauch der Andeutung, Madame habe einen Liebhaber? Unerhört. Über die Beschreibung einer geschmacklos prächtigen Villa setzt sie statt „decoration"= Dekoration „desecration"= Schändung. Unglaublich. Ihre Vorgesetzten bekommen regelmäßig rotohrige Schweißausbrüche in dem Wettrennen, ihre verdeckten Hiebe rechtzeitig zu finden und zu streichen, das sie öfter gewinnt, als ihnen lieb ist. „Junge, Junge, hielt ich mich für klasse!" Kurz, knapp, treffend, hintersinnig: Die Bildunterschriften sind die Schule ihres Schreibens. Und sie will mehr.

Sie will zu *Vanity Fair*. Wer für das höchst anspruchsvolle Blatt schreibt, dessen Stimme wird gehört, und geschrieben wird queerbeet über schier alles. Russische Oktoberrevolution, Gesellschaftsklatsch, Kriege, Theater, Malerei, Empfänge: Lesefutter für Gebildete. Sie schafft den Durchbruch mit einem Gedicht. Sie reicht *Women. A Hate Song* ein, dem über die Jahre noch viele Hass-Gedichte folgen werden. „Ich hasse Bohemiens; sie untergraben meine Moral." „Ich hasse Partys; sie bringen das Schlimmste in mir zum Vorschein." Sie hasst so manches: Langweiler, geschniegelte Bürgerlichkeit und natürlich noch immer die Hausmütterchen. Selbst zu kochen, würde ihr im Traum nicht einfallen und Gartenarbeit erst recht nicht. „Ich bin viel zu faul dafür – und das Unkraut ist ohnehin immer schneller als ich." Was sie nicht hasst, sind Pferde. Von ihnen ist sie begeistert, und ständig liest sie irgendwelche Hunde auf, besonders wenn sie angesäuselt ist. „Pass auf, dass ich keine Pferde mit nach Hause nehme. Streunende Hunde und kleine Katzen sind nicht so schlimm, aber die Liftboys sind immer beleidigt, wenn man ein Pferd mitbringt." Eine ihrer Haushälterinnen wird kündigen, als sie zwei kleine Krokodile in der Badewanne findet, die in einem Taxi vergessen wurden. Und was sie ebenso wenig hasst: Männer. Sie hat einen ordentlichen Verschleiß und immer den richtigen Griff für den Falschen. Sie wird mit Ernest Hemingway streiten und mit Truman Capote saufen, doch eine bleibend glückliche Liebe wird sie nicht finden. Unglückliche dagegen zuhauf. Sie sucht den griechischen Gott im englischen Tuch, doch bedauerlicherweise würden genau die in geistiger Umnachtung statt ihrer lieber blonde Showgirls heiraten, wie sie schreibt. Einer heiratet sie denn doch: 1917, Edwin Pond Parker II. Keine Leuchte, aber blendend aussehend, aus sehr gutem Haus und meist sturzbetrunken. Sie fliegt auf seinen Humor, der mit den Drinks wächst, und zieht mit ihm um die Häuser, doch sie ist, wie sie sagt, nur gefühlte fünf Minuten Gattin. Er wird zur Armee eingezogen, denn in Europa tobt der Erste Weltkrieg, und als er aus den blutigen Grabenkämpfen zurückkehrt, ist er wie so viele Soldaten von Morphium abhängig, das er sich spritzte, um das Grauen auszuhalten. Zu ihrer Verzweiflung stürzt er unrettbar vollständig ab. Sie trennen sich. Er geht seiner Wege – sie behält seinen Namen. Wenige Jahre später werden sie still und leise geschieden. Als er stirbt, weint sie dennoch bitterlich. Da aber ist sie längst eine New Yorker Berühmtheit.

Alles beginnt bei *Vanity Fair*. Sie ist unterdessen fest angestellt. Die Bezahlung ist lausig, aber sie nutzt ihre Chance: Sie wird die erste weibliche Theaterkritikerin New Yorks. Und was für eine. Man sagt ihr nach, sie schreibe Gedichte wie ein Engel, aber Kritiken wie der Teufel, und schon auf ihrer allerersten Seite verreißt sie vier von fünf Stücken. Und so wird das bleiben. Abwägend ausgewogen schreiben? Keine Spur. „Manchmal denke ich, das kann einfach nicht wahr sein. Es kann keine Stücke geben, die so schlecht sind. Erstens würde sie niemand schreiben und zweitens würde sie niemand produzieren." Sie lobt, was ihr gefällt, das meiste gefällt ihr eben nicht, und niemals hält sie hinterm Berg. Unabhängigkeit buchstabiert sich P-a-r-k-e-r, und die Parker zu lesen, wird zum Muss. „Im ersten Akt wurde die Heldin von einem ihrer Verehrer erdrosselt. Für mich kam der Mord zu spät." Ein Stück empfiehlt sie, weil sich darin so gut stricken lasse, und wer nicht stricken kann, solle ein Buch mitbringen, bei einem anderen wünscht sie sich vergeblich, dass herabstürzende Kulissen die Schauspieler zum Schweigen bringen mögen, beim nächsten leistet sie demütig auf Knien den Boden entlangkriechend Abbitte für eine Vernichtung, die sie schrieb, weil sie glaubte, nichts könne je schlechter sein, aber leider eines Besseren belehrt wurde, und von einer Aufführung ist sie entzückt, weil sie nach fünf Abenden abgesetzt wird und so nur fünf Mal zu oft auf die Bühne kam. Sie ist der Schrecken der Theater und der Liebling ihrer Leser und eine echte Nummer bei *Vanity Fair*, zu der ein neuer Schreiber stößt.

Robert Benchley: Raucht nicht, trinkt nicht, betrügt seine Frau nicht, zwei Kinder. Er ist ihr vollkommenes Gegenteil. Ihr Leben lang werden sie sich mit „Mrs. Parker" und „Mr. Benchley" anreden, doch sie werden rasch die allerengsten Freunde. 1919 treffen sie aufeinander, und es wird ihnen noch ein Dritter ins Büro gesetzt: Robert Sherwood. Ein spindeldürrer, gebeugter Zwei-Meter-Mann, mit einer im Krieg von Giftgas zerfressenen, pfeifenden Lunge, der unglaublich schüchtern mit niemandem spricht. Diktiert er, wendet er der Sekretärin den Rücken zu. Er ist ihnen so verdächtig, dass sie von nun an gemeinsam zu Mittag essen, um über ihn zu spotten. Denn: Lästern ist beider großes Laster. Dann aber fleht Sherwood sie an, ihn auf der Straße zu begleiten; eine Horde Liliputaner, die ihm auflauere, um ihn ob seiner Größe zu hänseln, versetze ihn in Angst und Schrecken. Gemacht. Von nun an geben die beiden Lästermäuler ihm täglichen Geleitschutz. Die drei werden unzertrennlich und alle drei sind verflucht gute Schreiber. Für *Vanity Fair* allerdings werden sie zum echten Höllentrio. „Ich muss zugeben, wir haben uns sehr schlecht benommen." Parker und Benchley sind von Bestatterzeitschriften hellauf begeistert, besonders von der Spalte „Vom Grab zur Heiterkeit", und die übelsten Leichenbilder hängen sie über ihre Schreibtische, und weil sie sich unterbezahlt fühlen, reden sie nur noch laut übers Geld und laufen mit Schildern um den Hals herum, auf denen ihr Gehalt steht. Arbeitszeiten? Pünktliches Erscheinen? Viel lieber verbringen sie ihre ausgedehnten Mittagspausen in einem gediegenen Hotel, das durch sie seinen Ruhm erlangt: das Algonquin.

„Die Ecke im Speisesaal war eine Brutstätte für Geschichtenerzähler und Plauderer." Bald erweitert sich die Mittagsrunde und aus dem Algonquin wird der Treff schlechthin. Ein „round table" entsteht, um den sich ein „vicious circle", ein lasterhafter und stetig wachsender Kreis setzt. Zeitungsleute, Kritiker, Schriftsteller, Schauspieler, Regisseure, Künstler, Produzenten – sie sind brillant, jung und oft pleite. „Zutritt zu diesem charmanten Kreis zu bekommen, war schwierig, weil es Grundvoraussetzung war, dass der Kandidat sich ein Mittagessen leisten konnte." Das Hotel ist exquisit, die Speisekarte hervorragend, bestellt aber wird Rührei oder eine Vorspeise. „Geld hatten wir keins, aber, Herrgott, wir hatten eine Menge Spaß." Das Brot, an dem sie sich satt essen, ist kostenlos, und obwohl der Hotelbesitzer seine arge Mühe mit den Gästen hat,

Mitglieder des Algonquin Round Table: Art Samuels, Charlie MacArthur, Harpo Marx, Dorothy Parker und Alexander Woollcott

zahlt sich seine Duldsamkeit aus, denn sie allesamt sind auf dem Sprung zum Erfolg. „Es war nicht mehr als ein unendliches Schwatzen, Leute kamen und gingen, aßen, stritten, klatschten, erzählten Witze, fachsimpelten und hatten Geistesblitze." Beste Werbung für das Haus, denn gestandene und kommende Berühmtheiten treffen sich an dem runden Tisch, und Nichtberühmtheiten drängen sich in die Ecken, um einen Blick auf ihn zu erhaschen, an dem über die Jahre sieben Oscar-Nominierungen, vier Oscars, zehn Pulitzer-Preise, zwei Tony Awards, zahllose Romane und Kurzgeschichten Platz nehmen. Und der Tisch hat eine ungekrönte Königin: Dorothy Parker. Ihr sprühender Witz macht sie zur New Yorker Legende, schlagfertig jedoch sind sie alle: Robert Benchley bittet an einem Restaurantausgang einen Livrierten, ihnen ein Taxi zu holen, der sich empört entrüstet, was er sich einbilde, er sei immerhin Admiral. Benchley: „Auch in Ordnung, dann beschaffen sie uns ein Kriegsschiff."

Das Algonquin und der Round Table: Auch hier ist niemand gegen Dorothy Parkers Bonmots gefeit, und bald wagt keiner mehr, den Tisch zu verlassen, solange sie da ist, um ihr nicht zum Opfer zu fallen. Viele ihrer Sprüche werden in New York zu geflügelten Worten, selbst die, die nicht von ihr stammen, wie Robert Benchleys „Raus aus den nassen Klamotten, rein in den trockenen Martini" oder Alexander Woollcotts „Alles, was ich mag, ist entweder unmoralisch, illegal oder es macht fett". Zierlich, sanfte, leise Stimme, große Augen, noch größere Hüte, gut gekleidet wie immer, oft mit Federboa, die mit Vorliebe in anderer Gäste Teller hängt oder gern mal Feuer fängt, wenn geraucht wird, ist sie wie die anderen auf dem Weg nach oben, denn der „Bronx Zoo für die Neurotiker der Gegenwart", die „Algonqus", beflügeln sich gegenseitig, weil sie kein Blatt vor den Mund nehmen. „Sie waren wirklich gnadenlos, wenn sie etwas missbilligten. Ich bin niemals einer härteren Truppe begegnet. Aber wenn ihnen gefiel, was du geschrieben hast, dann sagten sie das auch, öffentlich und aus tiefstem Herzen."

„Sie waren die größten Talente der Zukunft." Aus Verriss und Aufmunterung werden Ideen für Broadwayshows geboren, für Theaterstücke, Romane, Drehbücher erst für Stumm-, dann für Tonfilme. Es ist die goldene Zeit der beginnenden Roaring Twenties. New York brummt, doch die Dauertrinker des runden Tisches haben ein Problem: Prohibition, das landesweite Alkoholverbot. Das nicht fruchtet. Die Flüsterkneipen schießen aus dem Boden, der Schnaps wird in Kaffeetassen ausgeschenkt, wer noch nicht getrunken hat, beginnt damit, denn das Verbotene wird schick, und auch der runde Tisch tourt durch die „Speakeasies", der noch dazu in der Badewanne einer Malerin eine eigene Destille unterhält, die ihren ungeheuren Nachschubbedarf deckt, gerade eben so. Sie sind hartgesottene Trinker und viele sterben daran vor der Zeit.

Dorothys Zeit bei *Vanity Fair* ging bereits 1920 zu Ende. Nach einer beleidigend harschen Kritik

einer Broadwayaufführung eines der größten Anzeigenkunden wird sie gefeuert. Sherwood und Benchley kündigen empört und kurz entschlossen gleich mit, und Dorothy und Benchley mieten ein winziges Zimmer, um freischaffend zu arbeiten. „Wäre es auch nur einen Zentimeter kleiner gewesen, wäre es kein Büro mehr gewesen, sondern Ehebruch." Aufträge haben sie kaum, und als Sherwood beim *Life Magazine* unterkommt, nimmt er Benchley mit, und Dorothy sitzt derart allein in der Kammer, dass sie ein Toilettenschild „Herren" an der Tür anbringt, damit überhaupt irgendwer hereinkommt. Doch sie hat Glück: Das Literaturmagazin *Ainslee's* stellt sie als Theaterkritikerin an, und man lässt ihr völlig freie Hand, mit der sie austeilt, wie gewohnt. Daneben schreibt sie noch ihre Gedichte, mit *Such a Pretty Little Picture* aber beginnt ihr Aufstieg zu einer der besten Schreiberinnen von Kurzgeschichten, die höchstes Lob finden. Was sie nicht findet: Liebesglück.

> „Ich erwarte nur drei Dinge von einem Mann: gutes Aussehen, Rücksichtslosigkeit und Dummheit."

Bei einer ihrer Affären trifft sie auf das, was sie erwartet. Sie ist schrecklich verliebt, er indes ist verheiratet und betrügt sie zudem am laufenden Band, und je mehr sie sich an ihn drängt, desto weiter stößt er sie weg. Dann das Unglück: Sie wird von ihm schwanger, was ihn nicht kümmert. Er drückt ihr dreißig Dollar in die Hand für eine Abtreibung. Das war's. Sie lebt auf großem Fuß mit wenig Geld, ohne genügend Einkommen und ohne jede Ahnung, wie all das gut gehen soll. Sie entscheidet sich daher für den Abbruch, der ihr übel zu schaffen macht. Die andere Seite der Dorothy Parker: Über Jahre wird sie nachts an Bartresen nach zu vielen Drinks verblüfften Wildfremden tränenreich ihre Schuldgefühle klagen. Sie versinkt in Schwermut, ihre Gedichte werden bitterer, und sie quält sich durch die Tage, die sie ertränkt. Einsamkeit und Hoffnungslosigkeit: Sie schneidet sich die Pulsadern auf, doch sie wird gerade noch gefunden. Als die Round-Table-Freunde sie besuchen, winkt sie ihnen matt, aber lässig mit blauen Schleifchen um die Handgelenke entgegen, und weil sie schon wieder schimpfen kann wie gewohnt, halten sie den Selbstmordversuch für einen Aussetzer. „Die Flüche, die aus ihrem Mund kamen, hatten eine erstaunliche Bandbreite und einen erstaunlichen Umfang." Ihr Lieblingswort ist „fuck", mit dem sie nur so um sich wirft. Kaum halbwegs gesund, stürzt sie sich von einer Party in die nächste. Als Bleibe nimmt sie sich ein Zimmer im Algonquin, in dem wahre Saufgelage steigen. Zimmerservice, immer geputzt, immer frische Wäsche und Laken – ideal für die faulen linken Hände der Dorothy Parker. Ihre Hotelrechnungen dagegen bezahlt sie nicht. Dass sie dort lebe, sei für das Hotel Bezahlung genug, meint sie. Doch nicht nur die Kellner geben sich die Türklinke in die Hand. „Sie widmete eines ihrer Bücher einem John, aber als das Buch erschien, gab es schon einen anderen John! Gut, dass das so ein gebräuchlicher Name ist." Liebhaber die Menge, Drinks die Menge – die Spirale dreht sich abwärts. Anfangs beherrschte sie noch die Kunst, sich stilvoll zu besaufen. Das ist vorbei. Das Geborgenheitsglück, das sie immer verzweifelter sucht, findet sie nicht, und auch mit ihrem Geldbeutel steht sie lebenslang auf Kriegsfuß. Die schönsten Briefworte für Dorothy Parker: „Scheck beiliegend." Ihr Gemüt verdunkelt sich zusehends. Dann ein zweiter Selbstmordversuch. Abermals wird sie gefunden, abermals spielt sie ihn herunter. Robert Benchley: „Dottie, wenn du damit nicht aufhörst, wirst du dich noch ernsthaft verletzen." Als sie nach zwei bewusstlosen Tagen aufwacht, gilt ihre erste Frage einem Drink. Klar ist: Entweder sie zieht sich aus dem Sumpf oder sie geht unter.

Ihr erster Schritt dazu: Sie meidet den Round Table. Ihr zweiter: Sie reist nach Europa, nachdem ihr Ernest Hemingway vom Leben der amerikanischen Schriftsteller in Paris vorschwärmte. Das Paris der Zwanziger: Place to be. Sie verlebt wunderbare Tage mit Benchley und Hemingway, den sie bewundert, weil er sich sein Schreiben so hart erschuftet wie sie. „Nichts geht ihm

Ernest Hemingway (Mitte) mit Familie in Paris, 1933

leicht von der Hand, er kämpft mit sich, schreibt ein Wort nieder, streicht es aus und beginnt von Neuem. Er empfindet seine Kunst als harte und schmutzige Arbeit und hat keine Hoffnung, dass es einmal leichter wird." Ihr ganzes Schreibleben lang muss sich Dorothy Parker zusammenreißen, um ein Blatt voll zu bekommen, und ihre Artikel liefert sie nach endlosen Ausreden stets nur auf den allerletzten Drücker, wenn überhaupt. Die guten Tage aber halten nicht an. Als sie nach Amerika zurückkehrt, beherrschen wieder Enttäuschung und Tod ihre Gedichte und sie greift zu ihrem Allheilmittel gegen düstere Gedanken: Scotch. Doch als ihr erster Gedichtband *Enough Rope* erscheint, verkauft der sich so glänzend, dass sie zumindest ihrer Geldsorgen ledig ist. Einigermaßen wenigstens, denn immer wirft sie die Scheine zum Fenster hinaus. Einer ihrer feinen Züge aber: Sie ist ein wahres Pumpgenie und leiht Freunden in Not oft hohe Summen, die sie weiß der Himmel wo auftreibt. Nie fordert sie das Geld zurück. Was sie für sich selbst ständig und ausdauernd borgt, sehen die Angeschnorrten allerdings auch nur selten wieder. Dass ihr zweiter Band Gedichte, *Sunset Gun,* den Erfolg des ersten noch übertrifft, hilft ihr wieder nicht wirklich aus der Geldklemme. Sie zieht aus dem Algonquin aus und nimmt sich eine Wohnung, in der täglich ihre berüchtigten Cocktailpartys steigen. Jeden Morgen sieht sie ihr verkatert fahles Gesicht im Spiegel, das immer aufgedunsener wird. Die kleine, zierliche Dorothy Parker wird sehr rund. Ein erster Versuch als Drehbuchschreiberin in Los Angeles scheitert. Sie hasst das aufgeblasene Hollywoodgetue. Mit einem ersten Roman, den sie unbedingt schreiben will, kommt sie nicht vorwärts. Sie wird ihn nie zu Ende bringen und ist von sich enttäuscht. „Für mich gibt es nur zwei Arten von Schriftstellern – gute und schlechte." Sie hält sich für schlecht. Noch einmal geht sie auf Abstand und reist nach Europa und findet bei einem Abstecher ins Münchner Hofbräuhaus eine große Liebe: den Dackel Eiko von Blutenberg, der sich ausschließlich von Bratwürsten ernährt. Sie tauft ihn Robinson und er wird ihr Herzbube und Dauerbegleiter. Mit ihm teilt sie ihren Whisky und, wenn er unruhig wird, ihre Schlaftabletten. Hunde braucht Dorothy Parker zeitlebens noch mehr als Männer.

Als sie nach New York zurückkehrt, kommt wieder alles zum Alten, denn sie schüttet unterdessen so viel in sich hinein, dass sich sogar ihre Saufkumpane Sorgen machen. Benchley, mittlerweile selbst zum harten Trinker und Frauenhelden geworden, rät ihr zum Entzug. „Ganz sicher nicht. Die wollen, dass ich sofort mit dem Trinken aufhöre." In einem Anfall von Überdruss kippt sie eine Flasche Schuhpolitur. „Ich bin nicht mal das Pulver wert, mit dem ich mich in die Hölle sprengen könnte. Ich bin inzwischen nichts weiter als ein Wrack."

Da aber naht Rettung. Alan Campbell. Blond, groß, schlank, weit jünger und ausgesprochen trinkfest: ihr Typ. Sie mögen sich sehr, und er bringt Ordnung in ihr Chaos, so gut das

halt geht. Er erledigt ihre Briefe, räumt ihr hinterher und achtet darauf, dass sie nicht ständig randvoll ist und nicht allzu oft auf den Boden knallt oder Erinnerungslücken hat und ein kleines grünes Männchen in gelbem Regenmantel auf Rollschuhen sieht. Er tut ihr gut. Auch er schreibt, und er ist Schauspieler mit adretten Bühnenpartnerinnen, auf die sie eifersüchtig ist. Eine von ihnen kanzelt sie als Zwei-Dollar-Nutte ab, die irgendwann mal fünf verlangen kann. Dorothy heiratet Alan Campbell 1934 und beide werden als Drehbuchschreiber nach Hollywood geholt. Er bekommt 230 Dollar die Woche, sie 1000. Dorothy ist der Star, er ist nur die Beigabe, aber er bleibt bei ihr auch in dem weltbedrohenden Sturm, der mit der Machtergreifung Adolf Hitlers heraufzieht.

Seit sich am „Black Friday" die Banker aus den Hochhäusern der Wall Street stürzten, dümpelt die Weltwirtschaft durch die Finanzkrise mitsamt Arbeitslosigkeit und Armut. Dorothy Parkers Wochenlohn hingegen ist ein Vermögen und mit ihrem Beschützer ist sie glücklich. Beides aber hat für sie einen Preis. Die Zuschauer gieren nach Filmen, die sie ablenken von der täglichen Not, und Drehbuchschreiben wird so zur Fließbandarbeit, die ihr Können auffrisst. Ausnahme: Der Film *A Star Is Born*, an dem sie mitschreibt, wird für den Oscar nominiert, den sie nicht bekommt. Die meisten ihrer Skripts aber werden nicht umgesetzt. Mal misslingen sie ihr, mal steigt sie mitten in der Arbeit aus. Wieder geht ihr Hollywood auf die Nerven. Ihre Kurzgeschichten lassen nach, ihre Gedichte zünden nicht mehr. Ihr letzter Gedichtband, *Not So Deep as a Well*, trifft nicht mehr den Nerv der Zeit. Ihr großes Thema, das Leben der Großstädterinnen mit ihren Ups und Downs, verblasst im Angesicht des erstarkenden Nazideutschlands, das auch sie nicht kaltlässt.

Dorothy Parker findet neben dem Schreiben so eine zweite Bestimmung: der Kampf gegen den Faschismus, den sie auf der Seite des Kommunismus führt, in dem sie die einzige Kraft sieht, die Hitler aufzuhalten vermag. Sie setzt ein, was sie hat: ihre Berühmtheit und ihr Talent, anderen Leuten Geld aus der Tasche zu ziehen, und stürzt sich in das Sammeln von Spenden, um die Republikaner im Spanischen Bürgerkrieg gegen Franco zu unterstützen. Das Vorspiel zum Zweiten Weltkrieg aber endet böse. Hitlers „Legion Condor" bombardiert Guernica, Madrid wird belagert und fällt. Die spanische Republik hat den deutschen Waffen in Francos

links: Dorothy Parker und Alan Campbell bei der Arbeit, 1934

rechts: Dorothy Parker und Alan Campbell, Ankunft aus Spanien, 1937

Dorothy Parker an ihrer Schreibmaschine, 1941

Händen zu wenig entgegenzusetzen. Ernest Hemingway, George Orwell oder Willy Brandt, die mit den internationalen Brigaden im Feld stehen, unterliegen. Aus der Traum, und nicht der einzige, der für Dorothy Parker platzt.

„Inzwischen sollte ich immun sein – was macht schon eine Enttäuschung mehr oder weniger." Ihr Glück mit Alan schwindet. Was sie sich all die Jahre wünschte: 1939 wird sie trotz ihres Alters tatsächlich noch einmal schwanger, doch sie kann nicht mehr vom wüsten Leben lassen. Als sie das Kind verliert, steht sie vor dem Aus. Sie wird launisch und mürrisch und fühlt sich neben dem jungen Alan sehr alt. Sie wird immer dicker, die endlosen Martinis haben sie aufgeschwemmt, und auch er schlittert in den Suff. Sie raucht wie ein Schlot und das Schreiben geht ihr nicht mehr von der Hand. Ihre Unzufriedenheit mit sich wird zum Hass auf ihn. Am liebsten wäre sie ihn los, doch er will sie nicht verlassen, und dass er ihr weiter unverbrüchlich treu an der Seite steht, macht sie vollständig kirre. Er verpasst ihr ein blaues Auge, sie piesackt ihn und nennt ihn bald nur noch „that shit" oder „schwuler Bock".

1941. Eintritt Amerikas in den Zweiten Weltkrieg nach dem Überfall auf Pearl Harbor. 1942. Eintritt Alan Campbells in die Armee. Er hat nun doch genug von ihr. Ihren ersten Mann hat sie im Krieg an das Morphium verloren, ihren zweiten verliert sie im Krieg an eine andere. Trotz des Teufelskreises aus Suff und Streit: Mit ihm ist ihr letzter Halt gegangen. „Die Scheidung verlief fabelhaft. Eine dieser ganz und gar freundschaftlichen Angelegenheiten. Und jeder wünscht ganz schlicht dem anderen den Tod." Und es kommt noch schlimmer. Robert Benchley, der sich zum Schluss ebenfalls nur noch mit Schlaftabletten, Aufputschmitteln und Whisky aufrecht hielt, stirbt. Sein Tod trifft sie ins Mark. Zugleich aber ändert er ihren Blick aufs Leben. Nie wieder wird sie einen Selbstmordversuch unternehmen. Und damit noch immer nicht genug. Nach Ende des Zweiten Weltkriegs gerät sie in der amerikanischen Kommunistenhatz unter Senator McCarthy ins Visier der Ermittler. Dass sie bei all dem überhaupt noch zum Schreiben kommt, erstaunt sie selbst und sie vollbringt das Wunder und strampelt sich aus der Misere.

Sie nimmt das ungeliebte Drehbuchschreiben wieder auf, wird für *Smash-Up: The Story of a Woman* noch einmal für den Oscar nominiert, den sie abermals nicht bekommt. Ein Theaterstück entsteht und Kurzgeschichten. Was sie aber wirklich in Atem hält, ist die lauernde Bedrohung, auf der Schwarzen Liste McCarthys zu landen, auf der Charly Chaplin, Orson Welles, Dashiell Hammett oder Bertolt Brecht stehen, und die Liste wird immer länger, denn nicht alle leisten Widerstand. Robert Taylor, Gary Cooper, Ronald Reagan oder Walt Disney sagen bereitwillig aus, um den eigenen Kragen zu retten. Nicht so Dorothy Parker. Ihr Liebäugeln mit dem Kommunismus, ihr Spendensammeln für Spanien – ihre FBI-Akte ist reichlich dick. Aber sie lässt sich nicht einschüchtern. In den Kriegsjahren hat sie in Aberdutzenden Hilfsorganisationen gegen den Faschismus gearbeitet, nun setzt sie sich für die Verfolgten ein und wird zunehmend auch eine Streiterin für die Bürgerrechte der Schwarzen. Dorothy Parker ist zur politischen Frau geworden, die so unverblümt ihre Meinung sagt, wie sie ihre Kritiken geschrieben hat. Sie hat Angst, aber sie hat auch Mut. „An dem Tag, an dem du Ungerechtigkeit akzeptierst, solltest du dich erschießen." Als sie nach Jahren der Bespitzelung zum Verhör geladen wird, erscheint sie mit Nerzjacke und natürlich mit Hut und verteidigt sich geschickt. Das Verfahren gegen sie wird eingestellt. Dorothy Parker bleibt immer für eine Überraschung gut.

Eine davon schon 1950: Ihre Freunde reiben sich verwundert die Augen. Sie heiratet – Alan Campbell. „Was soll man tun, wenn man diesen Hurensohn einfach liebt?" Und tatsächlich: Sie schränkt das Trinken ein, schmilzt sich in Form und Alan Campbell wird einmal mehr zum Anker in ihrem Leben. Die Hexenjagd der McCarthy-Jahre aber zeigt Wirkung. Für ihren aufrechten Gang bekommt sie keine Drehbuchaufträge mehr. Den Filmstudios ist sie eine zu heiße

Kartoffel. Keine Aufträge, kein Geld. Sie will nach New York zurück, Alan aber will in Hollywood bleiben. Trinken, streiten, trinken – das Rad dreht sich erneut. Dann ist Alan Campbell auf und davon. Er zieht aus, und statt seiner zieht ein Drehbuchkollege ein, der qualmt, säuft und Tag für Tag in denselben dreckigen Klamotten umherschleicht und so äußerst gut zu Dorothys Haushalt passt, der nach Alans Abgang zur Müllhalde verkommt. Drei Flaschen auf einmal? Kein Problem. „Die beiden hausen in einem Mief aus Kleidung, die nach Alkohol stinkt, kaltem Rauch und dreckigem Geschirr, ohne Möbel und ohne jegliche Sauberkeit. Man wäre nicht im Geringsten überrascht, wenn sie ins Bett pissen würden." Die Abstürze der Dorothy Parker. Als ihr Hausgenosse einen Herzinfarkt bekommt, ist sie wieder allein und beschließt, statt zu putzen, erst ins Hotel und dann doch nach New York zu ziehen.

Die letzten Jahre der Dorothy Parker. Zimmerservice und Bar: Sie steigt im Volney ab, das mehr Apartmenthaus für gesetzte Damen ist denn Hotel. Die Rückkehr beflügelt sie, und sie beginnt ein Theaterstück, das die alten Mädchen des Hauses beschreibt, ihre einsamen Tage und ihre verzweifelte Suche nach Lebenssinn, die ihre eigene Suche ist: *Ladies im Hotel*. Noch immer ist Dorothy erbärmlich beieinander. Freunde aber setzen sie auf Diät und verbieten ihr erstaunlich erfolgreich, während der Schreibtage allzu viel zu trinken. Am Wochenende aber holt sie das Verpasste gewaltig nach und ist in so kläglichem wie lebensgefährlichem Zustand. Doch immerhin: Sie schreibt. Verleger zahlen ihr zwar längst keine Vorschüsse mehr, denn zu oft nahm sie das Geld, um nichts zu liefern, aber das Magazin *Esquire* stellt sie an. Das erste feste Einkommen seit Jahren, das freilich nicht reicht. Zu viel jagt sie durch die Kehle und ihre Kraft schwindet. Sie wird zu einer der „Ladies" im Hotel. Noch aber ist sie nicht völlig am Ende, und sie ist in dem Alter, Preise zu bekommen. Doch als sie in das „National Institute of Arts and Letters" aufgenommen wird, ist sie so stolz auf diese Ehre, dass sie sich vor ihrer Dankesrede nervös voll laufen lässt. „Ich hätte nie gedacht, dass ich das schaffe", ist der einzige benebelte

Idol einer ganzen Generation:
Marilyn Monroe

Satz, den sie rausbringt, und Thornton Wilder muss sie davon abhalten, noch mal auf die Bühne zu stolpern, um noch mal dasselbe zu sagen. Sie bleibt sitzen, und die Gäste werden von ihrem Suff abgelenkt, als Marilyn Monroe den Saal betritt.

Weil sie die Monroe bewundert, nimmt sie blauäugig das Angebot an, nach Los Angeles zu reisen, um ihr ein Drehbuch auf den Leib zu schreiben. Sie braucht das Geld. Dorothys Unzuverlässigkeit aber hat sich herumgesprochen und sie bekommt daher einen Schreibpartner: ihren Immer-noch-Gatten Alan Campbell, mit dem sie unerwartet gut auskommt. Sie arbeiten und leben zusammen, doch als der Film platzt, warten beide vergeblich auf neue Anfragen. Also spielen sie bald wieder ihr altes Spiel: trinken, streiten, trinken – bis sie Alan Campbell tot auffindet. Um ihn herum jede Menge Schlaftabletten. Sie ist derart zerstört, dass sie nicht zur Beerdigung geht. „Wenn ich nur ein wenig Anstand hätte, wäre ich tot."

Rückkehr nach New York. Wieder im Hotel Volney. Dorothy Parker ist siebzig und befürchtet, dass sich ihr Alter wie eine Telefonnummer liest. Nach Alans Tod säuft sie mehr als je zuvor. Truman Capote: „Dottie ist inzwischen eine solche Trinkerin, dass du nie weißt, wann sie mit dem Gesicht in der Suppe landet." Die Warnungen, dass sie keine drei Monate mehr hat, falls sie so weitermacht, schlägt sie in den Wind: „Alles leere Versprechungen." Ihr Witz ist ungebrochen, ihr Körper nicht. Ihre Beine sind vom Trinken so geschwollen, dass sie mehrmals auf der Straße hinschlägt und sich die Knochen bricht. „Menschen sollten entweder jung oder tot sein." Sie wird wunderlich und eigen und immer menschenscheuer. Begegnet sie Bekannten, starrt sie in Schaufenster, um nicht mit ihnen reden zu müssen. Die halten Dorothy langsam für ernsthaft verrückt und meiden sie, und so sitzt sie die meiste Zeit einsam zu Hause. Ein letzter Artikel, eine letzte Einladung nur ihr zu Ehren. Die gesamte New Yorker Upperclass steht auf der Gästeliste. Erst sagt sie ab, denn ihre Kleider sind zu schäbig. Ihre geliebten Chanel-Kleider sind längst Vergangenheit. Dann aber rafft sie sich doch noch auf. Ihr letzter großer Auftritt zwischen den glitzernden Juwelen der Gesellschaftsdamen und dem blinkenden Silber der Gedecke. Sie ist aufgekratzt, weiß aber, dass sie nicht mehr recht dort hingehört. „Eine zerbrechliche, vornehme Gestalt, aber mit spürbarer Energie. Eine Lady, die Anmut und Bescheidenheit ausstrahlte und sich dennoch ihrer Bedeutung wohl bewusst war." Drei Monate später, am 7. Juni 1967, stirbt Dorothy Parker mutterseelenallein in ihrem Zimmer. Jahrzehnte zuvor hatten Robert Benchley und sie vorsorglich Grabinschriften für sich entworfen: „Entschuldigen Sie meinen Staub." – „Wenn Sie das lesen können, stehen Sie zu nah." – „Wo immer sie auch hinging, einschließlich hierher, sie tat es wider bessere Einsicht." Dorothy Parker wird verbrannt. Keiner holt ihre Urne ab. Der Schlusspunkt des einsamen Lebensendes der Dorothy Parker.

Gabrielle Bonheur Chanel, um 1900

Revolution im „kleinen Schwarzen": Coco Chanel 1935

Ich glaube nicht, ein Jedermann zu sein

Coco Chanel

Der einsame Lebensbeginn der Coco Chanel. „Ich hasse es, mich zu erniedrigen, das Rückgrat zu krümmen, Demut zu bekunden, meine Gedanken zu verschleiern, nicht nach meinem eigenen Gutdünken zu handeln." Stolz, sagt sie, sei ihr Laster und ihre Tugend: Gabrielle, Coco, Bonheur Chanel, 1883 bis 1971. Eine Dame ohne Geheimnisse ist langweilig. Sie ist nicht langweilig.

> „Meine Legende beruht auf zwei unzerstörbaren Säulen. Die eine ist meine Herkunft, die man nicht so recht orten kann: Operette, Oper oder Bordell? Ich bedaure, das wäre lustiger gewesen. Die andere ist meine Königin-Midas-Rolle."

Nicht alles, was sie anfasst, wird zu Gold, und ihr Leben ist eine Legende, an der sie mitstrickt. Sie verbirgt, soviel sie kann. Zu sehr steht sie im Rampenlicht der Öffentlichkeit, ihr wahres Leben aber geht die Zuschauer nichts an. „Möge meine Legende also ihren Weg gehen, ich wünsche ihr ein schönes und langes Leben!" Dieser Wunsch hat sich erfüllt.

Coco Chanel: eine Spurensuche. „Die Legende überlebt ihr Objekt. Die Realität ist trist." Ihre Wirklichkeit: „Schon mit sechs Jahren war ich allein. Meine Mutter war gestorben, und mein Vater entledigte sich meiner wie einer Last, gab mich bei meinen Tanten ab und war auch schon wieder auf und davon." Ihr Vater ist Hausierer. Sie wird ihn nicht wiedersehen. Sie wächst bei Nonnen auf, die sie ihre Tanten nennt und deren streng einfache schwarze Tracht, sie nicht vergessen wird. Für sechs Jahre wird sie ins Waisenhaus des Klosters Aubazine gesteckt, dann ist sie zwei Jahre bei den Stiftsdamen von Saint Augustin in Moulins. Sie erweist sich als geschickte

Näherin, und doch: eine Unglückszeit, in der das Kind an Selbstmord denkt. Danach aber hinterlässt sie ihre erste halbwegs gut sichtbare Spur. Die Jahre ihrer faktischen Einsamkeit enden, ihr Leben lang aber wird sie sich allein fühlen.

In Moulins arbeitet sie in einem Aussteuergeschäft. Ist zu wenig zu tun, näht sie im Hinterzimmer für eine Schneiderei. Moulins ist Garnisonsstadt. Die zackigen Offiziere lassen in der Schneiderei ihre Uniformen ausbessern, und einer von ihnen entdeckt Gabrielles zarte Hände. Hübsch ist sie und zugänglich. Das macht die Runde. Der Champagner fließt, die Herren sind freigiebig, führen sie aus, laden sie zum Tanz ein – nur tanzen aber ist ihnen zu wenig und der schöne Schein des aufregenden Lebens lockt. Gabrielle kündigt. Als eine der „Poseuses" singt sie auf der Tingeltangelbühne des „Rotonde" als Pausenfüller, geht mit dem Hut herum und macht den Besuchern schöne Augen, ihn zu füllen. Freizügig trägt sie ein enges Kleid mit sehr kessem Schlitz, um ihre schlanken Beine zu zeigen, und sie singt so lange „Ko-Ko-Ri-Ko" und „Qui qu'a vu Coco", das Lied von der kleinen Verkäuferin, die ihren Pudel Coco sucht, bis die betuchten Herrschaften sie nur noch „Coco" rufen. „Die sollte man gleich an die Zigeuner verkaufen." – „Coco wird auf die schiefe Bahn geraten". Ihr Ruf ist nicht der beste. Sie ist nah am Strich, aber sie gerät nicht auf die schiefe Bahn, weil ebendiese von Étienne Balsan gekreuzt wird.

„Um frei zu sein, braucht man Geld. Ich dachte nurmehr ans Geld, das öffnet Gefängnistore." Balsan schließt das Tor auf. Coco geht nach Vichy, um sich als Sängerin zu versuchen, doch weil sie beim Vorsingen scheitert, arbeitet sie als Wasserausgeberin am Heilbrunnen des Kurbads. Ein Fehlschlag, den Balsan wettmacht. Er nimmt sie zu sich auf seinen Landsitz Royallieu bei Paris. Er hält sie aus. Und nicht nur sie. Die erfahrene Lebedame Emilienne d'Alençon ist seine „Illegitime" und Coco ist klug genug, hinter ihr zurückzustehen. Ménage à trois zu ihrem Vorteil. Die kleine Näherin in der eleganten Welt. Balsan züchtet Rennpferde und sie lernt reiten. Er nimmt sie zu Pferderennen mit und bringt ihr bei, sich in Gesellschaft zu bewegen. Er gibt dem Diamanten den Rohschliff, dem der Feinschliff eines anderen folgt, denn Coco Chanel setzt ein, was sie zu bieten hat. Pau 1908, ein Polospiel: Sie lernt den Engländer Arthur Capel kennen, Bergwerksbesitzer, Schiffseigner, Polospieler, kunstinteressiert und weltläufig. „Eines Tages erfuhr ich, er würde abreisen. ‚Sie verlassen Pau?' ‚Ja, leider.' ‚Um wie viel Uhr?' Am nächsten Tag war ich am Bahnhof – und stieg in denselben Zug." Es ist der Nachtzug nach Paris.

„Monsieur B. und Capel hatten Mitleid mit mir gehabt; sie sahen in mir einen armen ausgesetzten Spatz. In Wirklichkeit war ich eine Wildkatze." Capels Unternehmen wirft genug ab, um sich Coco zu leisten. Schritt für Schritt spannt er sie Balsan aus und er ermöglicht ihr den lebensentscheidenden Schritt. „Die Frauen, die ich bei den Pferderennen sah, hatten riesige

Die junge Coco Chanel

Wagenräder auf dem Kopf, monumentale Gebilde aus Federn, bestückt mit Früchten und anderem Zierrat." Sie findet die aufgedonnerten Hüte schlechtweg abscheulich. Das kann sie besser. Viel besser. Sie hat den Blick dafür, was den Damen wirklich steht, und die Hände, die Hüte zu nähen. Capel überredet daher Balsan, ihr seine Wohnung am Boulevard Malesherbes in Paris zu überlassen, damit sie ihr eigenes Hutatelier eröffnen kann, denn sie will unbedingt auf eigenen Füßen stehen. „Wenn man ohne Flügel geboren wurde, darf man diese nicht am Wachsen hindern." Der Aufstieg von der Putzmacherin zur Modezarin beginnt – ein Weg, den Balsan nicht mitmacht. Er hält ihr Atelier für eine alberne Laune. Capel nicht. Er ist ihr Steigbügel, vor allem aber ist er die Beute der Wildkatze, die sie sehr geschickt erlegt. Ihr Jagdführer: Balsan. „Wie weit bist du mit deinem Engländer?' ‚Na ja ... wie bei Männern und Frauen üblich.' ‚Perfekt. Mach weiter so.'" Doch sie ist nicht nur hinter Capels Geld her. „Er war der einzige Mann, den ich geliebt habe."

„Es ärgert mich, wenn ich hören muss, ich hätte eben Glück gehabt. Niemand hat härter gearbeitet als ich." In der Tat. Bald ist ihr Atelier zu klein. Sie möchte ihr Geschäft erweitern, Balsan aber verweigert ihr den Kredit, den sie dann von Capel bekommt. Er löst den Konkurrenten als Geldgeber ab und bootet ihn als Liebhaber endgültig aus. Die Ménage à quatre ist beendet. „Ich mietete eine Etage, Rue Cambon, erster Stock. Ich habe sie heute noch. Auf der Tür war zu lesen: Chanel modes." 1910: Der Grundstein ist gelegt, auf dem sie ihr Modehaus baut, denn ihre Hüte kommen in den Salons, auf den Boulevards und den Rennbahnen an. Ihr Clou No. 1: Den ausladenden Hutgeprängen setzt sie Einfachheit entgegen. „Auf den Tribünen begann man, über meine befremdlichen, merkwürdigen Hüte zu tuscheln: so fantasielos, so streng – sie waren wie eine Vorankündigung des eisernen Zeitalters, das noch kommen sollte." Noch herrscht die verschwenderische Belle Époque mit ihren Opern, Kunstausstellungen, Bällen, die Arthur

Capels Parkett ist, auf das er die Geliebte mitnimmt. Seine Welt der Theater und der Kunst wird ihr Sprungbrett, als eine angesagte Schauspielerin einen Chanelhut auf der Bühne trägt. Der Auftritt wird fotografiert, ein Modeblatt bringt das Bild, der Name Chanel spricht sich herum – und schon gibt sich Paris neugierig ihre Atelierklinke in die Hand. Und nicht nur Paris.

„Außer Zuneigung wollte ich nie etwas haben. Aber meine Freiheit, die wollte ich mir erkaufen um jeden Preis." Die Hüte sind dafür nur der Beginn. Seebad von Deauville, 1913. Deauville ist mondän. Capel leiht ihr nochmals Geld, mit dem sie in der vornehmen Rue Gontaut Biron eine Boutique eröffnet für ihre Hüte, für Blusen, Kostüme, Handtaschen. Das Geschäft geht gut. Chanel hat ihre ersten Angestellten. Bald wird ein zweiter Salon in Biarritz folgen, für den abermals Capel bürgt. Sie selbst aber regiert in der Rue Cambon. Dann bricht jedoch 1914 herein, das erste Jahr des Ersten Weltkriegs. „Eine Welt ging zu Ende, eine andere entstand." Die eiserne Zeit ist da, für die sie den Look entwirft. In den Elendsjahren des Krieges nimmt sie beherzt ihr Glück in die Hände. Weil die meisten Modeschöpfer zur Armee eingezogen werden, hat sie freie Bahn. Ihr Clou No. 2: „Aufstand gegen den Firlefanz."

„Schon als Kind war ich ein Rebell, in der Liebe ein Rebell auch in der Modebranche – ein echter Luzifer." Und sie ist verteufelt gut. Hutgebirge, ausladende Kleider, Unterkleid über Unterkleid, bis zur Ohnmacht miedergepresste Taillen: In der Belle Époque sind Kleider bocksteife Rüstungen, die die Trägerinnen fast zur Bewegungslosigkeit verdammen. Damit räumt Coco Chanel gründlich auf. „Ich hatte das richtige Alter für dieses neue Jahrhundert. Es wandte sich logischerweise an mich, um sich in der Kleidung zum Ausdruck zu bringen. Es brauchte Schlichtheit, Bequemlichkeit, klare Linien. Dies alles konnte ich bieten." Im Krieg sind luftige Kleiderstoffe schwer zu bekommen. Sie kauft deshalb Jersey, billigen Baumwollstoff, aus dem sonst eher grobe Stallbursschenkleidung geschneidert wird. Jersey aber ist schwierig zu verarbeiten. Sie verzichtet daher auf die meisten Abnäher und ersetzt so gefältelten Putz durch gerade Straffheit. Knöchelfreier Rock, eine locker um die Hüfte geschlungene Schärpe ersetzt den einschnürenden Gürtel, das Korsett wird abgeschafft: Das Chanelkleid ist einfach, bequem und hat dennoch Stil. „Als ich den Jersey erfand, befreite ich den Körper." Sie überträgt die Strenge des Männeranzuges auf das Damenkleid: Zurückhaltung statt Pracht: Die neuen Kleider für die neue Zeit werden der Renner. „Am Ende dieses Kriegssommers hatte ich zweihundertstausend Goldfranken verdient – der Stall hat die Tribünen erobert!" Ihr Durchbruch, vor allem in Amerika. *Harper's Bazaar* lobt ihren „Garçon-Stil", die *Vogue* feiert ihn als „Inbegriff der Eleganz". Und Coco Chanel, weil sie die papageienbunten Damenkleider ärgern, geht noch einen Schritt weiter. „Diese Farben sind unmöglich! Diese Weiber! ... Ich werde sie alle in Schwarz stecken."

„Was sie tut, sie wird das „kleine Schwarze" erfinden. Ihr Steigflug ist nicht mehr aufzuhalten. „Die Extravaganz erstarb allmählich, ich hoffe, ihren Tod beschleunigt zu haben."

„Einfachheit ist der Schlüssel jeder wahren Eleganz." Bald beschäftigt sie dreihundert Näherinnen und kann sämtliche Kredite an Capel zurückzahlen. Sie kauft sich von ihm frei – und lässt ihn zurück. Niemand soll sich einbilden, dass sie ihm gehöre. Sie gehört nur sich selbst. Er hatte einst gedacht, ihr mit dem Atelier ein Spielzeug zu geben, doch er gab ihr die ersehnte Freiheit. „Ich lasse mich nicht gern festhalten, wie eine Katze. Unbeirrt gehe ich meinen Weg auf meiner Spur, selbst wenn es schwerfällt. Ich verfolge ihn sklavisch, weil ich ihn frei gewählt habe." Der Preis dafür ist hoch: Sie zahlt mit Einsamkeit, denn sie gibt sich keinem vorbehaltlos hin. Bisher wurde sie als Liebhaberin bezahlt, nun wählt sie sich die Liebhaber aus, wie es ihr gerade passt. Affären werden ihr übergenug nachgesagt, ihre einzig wahre Liebe aber wird ihre Arbeit sein.

„Fragil wie Stahl, habe ich nie auch nur eine Stunde an meinem Arbeitsplatz gefehlt, mich nie krank gemeldet. So manchen großen Ärzten, die mir die verschiedensten tödlichen Krankheiten verkündeten, die ich zu behandeln vergaß, bin ich von der Schippe gesprungen. Und seit meinem dreizehnten Lebensjahr habe ich auch nie mehr an Selbstmord gedacht." Sie führt ihr Geschäft und ihre Niederlassungen mit eiserner Hand, sie arbeitet wie besessen, sie ist launisch, ihre Wutanfälle sind sagenhaft und sie kritisiert ständig und andauernd. „Ich bin ja auch nie mit mir selbst zufrieden, warum soll ich es dann mit anderen sein? Außerdem predige ich gern." Wer ihr in die Quere kommt, wird barsch abgebügelt. Ausgeglichenheit ist ein Fremdwort für die Arbeitswütige. Die Disziplin aber, die sie einfordert, verlangt sie immer zuerst von sich selbst. Ihr Leben am Dirnenrand und die Kindheitseinsamkeit haben sie hart gemacht, doch bei aller Härte verliert sie nie ihren Witz und nie ihr Mitgefühl. 1919 stirbt Arthur Capel bei einem Unfall an der Côte d'Azur. Coco Chanel wird mitten in der Nacht geweckt. Sie lässt sich unver-

Le Sacre du Printemps: der Ballettstar Vaslav Nijinsky (ganz links) in einer Aufführung der Ballets Russes

Sergei Djagilew

Zuhörer an, eine Dame ohrfeigt einen Herren, der die Musik auszischte, die Tänzer hören das Orchester nicht mehr in dem Gebrüll und Strawinsky flieht durch den Hintereingang. Nun ist er bei ihr, und sie wird ihm regelmäßig Geld anweisen, ihn aber im Glauben lassen, die Zahlungen stammen aus einem Kunstförderfonds. Jean Cocteau, Pablo Picasso, Luigi Visconti, Romy Schneider oder Winston Churchill: Ihr Leben lang werden sich Künstler, Politiker, Hochadel, Berühmtheiten der Hautevolee und Lebemänner der Schickeria in Coco Chanels Dunstkreis bewegen, und einer von ihnen ist ihre nächste Liebschaft: Großfürst Dimitri Pawlowitsch Romanow, ein Neffe des Zaren, der aus Russland geflohen war, weil er sich an der Ermordung Rasputins beteiligt hatte. Die Verbindung wird gut zwei Jahre halten, in denen Dimitri Pawlowitsch ihr beim nächsten Coup hilft.

Ihr Clou No. 3: Chanel No. 5. Legendenumrankt, wie alles bei ihr. Eine der Legenden sagt: Henri Désiré Landru tötete elf Frauen, die er zerstückelt und verbrennt. Gefasst wird er 1919, nachdem bei einem Einkauf eine Kundin den Liebhaber ihrer vermissten Schwester am Geruch seines Parfums erkennt. Und die Conclusio obendrauf: Die Geschichte habe Coco Chanel selbst eingegeben, um ihren exklusiven Kleidern einen exklusiven Duft beizugesellen. Jedenfalls: Dimitri Pawlowitsch vermittelt sie an den Parfumeur Ernest Beaux. Ihre Forderung: eine Mischung, die den ganzen Tag hält und für alle Gelegenheiten vom Einkaufsbummel bis zum Theaterbesuch angemessen ist. Er liefert zwei Probereihen mit je fünf nummerierten Fläschchen.

züglich zum Unfallort fahren. Der Chauffeur: „Die Dame stieg aus, ging zu dem Autowrack und betastete es wie eine Blinde mit beiden Händen. Danach setzte sie sich auf einen Kilometerstein, kehrte der Straße den Rücken zu und weinte." Was folgte, sagt sie, war kein glückliches Leben mehr, selbst wenn das verwundere. „Für mich war dieser Tod ein fürchterlicher Schlag." Sie ist untröstlich, lässt ihr Schlafzimmer schwarz streichen und mit schwarzer Bettwäsche und schwarzen Vorhängen ausstatten. Und doch steckt sie den Schlag weg.

„Mein Leben, das ist die häufig in Tragik ausartende Geschichte der alleinstehenden Frau, ihrer Höhen und Tiefen, des ungleichen, aber spannenden Kampfes gegen sich selbst, gegen die Männer, gegen die Verlockungen, Annehmlichkeiten und Gefahren." Die großen Jahre der Coco Chanel ziehen herauf und ihre annehmlichste Verlockung ist der Reigen ihrer Männer. Um sich von Capels Tod abzulenken, reist sie nach Italien, und in Venedig trifft sie auf Sergei Djagilew, der ihr als Freund treu verbunden bleiben wird. Der schwule schrille Paradiesvogel, dessen „Ballets Russes" auf den Bühnen gefeiert werden, gewinnt sie dafür, einen Gast mit Frau und vier Kindern bei sich in ihrer Villa in Garches aufzunehmen, der in erheblichen Geldschwierigkeiten steckt, und so flattert ihr der nächste Bewunderer zu. Zwei Jahre wird er bleiben und sie sich auf eine Affäre mit ihm einlassen: der Komponist Igor Fjodorowitsch Strawinsky, der ob seiner Vorliebe für Scotch von sich sagt, er müsse eigentlich Strawhisky heißen. Coco Chanel kennt ihren Gast, seit der in der Musikwelt für erhebliche Furore gesorgt hatte: 28. Mai 1913, Théâtre des Champs-Élysées, gegeben wird die Uraufführung *Le Sacre du Printemps*. Die in ihrer Atonalität so noch nie vernommene Musik Igor Strawinskys und der verwegene Tanz der Ballets Russes des Sergei Djagilew – ein unerhörter Skandal. Im Tumult schreien sich

Coco Chanel, Zeichnungen
von Karl Lagerfeld, 2005

1 bis 5 und 20 bis 24. Das Neue daran: Er nutzt nicht mehr nur tierische und pflanzliche Essenzen, sondern ebenso chemisch synthetische als lang anhaltend stabile Noten. Coco Chanel wählt die Probe Nummer 5, und sie entwirft den Flakon, der anders als die bisher üppig ziselierten ihrem Stil entsprechend ein bauhauseckiges Kristallfläschchen ist. Für die weltweite Vermarktung gründet sie mit den französischen Kosmetikgiganten Paul und Pierre Wertheimer eine Firma, „Parfums Chanel". Sie behält zehn Prozent der Anteile. Ihr Imperium wächst.

Das legendäre Parfum Chanel N° 5, kreiert 1920

Wen sie nicht behält, ist Dimitri Pawlowitsch. Der Schriftsteller Pierre Reverdy löst ihn ab, und dem folgt 1924 Hugh Grosvenor, Duke of Westminster. Er nun bleibt Jahre. Der Blaublüter wird als einer der reichsten Männer Englands gehandelt, und er gibt sein Geld völlig unbekümmert aus, was Chanel ausnehmend gut gefällt. „Es gibt Leute, die reich sind, und es gibt Leute, die Geld haben." Seit sie zum einst erträumten eigenen Vermögen kam, ist ihr Geld nicht mehr wichtig. Die Zeit des Ausgehaltenwerdens ist für Coco Chanel lang vorbei, und sie hat selbst Auskommen genug, um das ihres Lords nicht zu brauchen. Sie lässt ihn zappeln. Trotz seines sagenhaften Reichtums ist sie für ihn nicht zu kaufen, und er muss sich bemühen, bis ihre Mauer denn doch bröckelt. Mit ihm aber steht sie vollends im grellen Scheinwerferlicht der Boulevardblätter, und so bastelt sie ihre Chanel-Legenden, um vor allem ihre Herkunft zu übertünchen, die ihr mehr als unangenehm ist.

So sie nicht arbeitet, lebt sie mit dem Lord, reist mit ihm, schippert mit ihm auf seiner *Flying Cloud* durch das Mittelmeer. Doch wo Licht ist, ist der Schatten nicht weit: Sie versucht vergeblich, schwanger zu werden. Nicht das einzige Unglück: Mit der *Flying Cloud* legt Coco Chanel in Venedig an, um den schwer kranken Freund Djagilew in seinem Hotelzimmer zu besuchen. Weil sich seine Krankheit aber bessert, wird der Anker gelichtet und sie nimmt Südkurs, doch in der Nacht beschleicht Coco ein ungutes Gefühl, das sich zur Panik steigert. Sie befiehlt zu wenden, doch ihr bleibt nur noch, Sergei Djagilew zu bestatten. Seine Hinterlassenschaft: ein paar Manschettenknöpfe, das ist alles. Und noch ein Unglück: Ihr Liebhaber betrügt sie, denn er hat genug davon, dass für sie die Arbeit immer zuerst kommt. Er heiratet eine englische Adelsdame und sie kontert bissig kämpferisch wie immer: „Es gab schon mehrere Herzoginnen von Westminster, aber es gibt nur eine Gabrielle Chanel!" Wieder ist sie allein. „Die Schönheit brauchen wir Frauen, damit die Männer uns lieben, die Dummheit, damit wir die Männer lieben."

Coco Chanel. Sie hat so ihre Ansichten: „Die meisten Frauen wählen ihr Nachthemd mit mehr Verstand als ihren Mann." – „Ein Mann kann anziehen, was er will – er bleibt doch nur ein Accessoire der Frau." – „Die Frauen müssen wieder lernen, die Männer auf das neugierig zu machen, was sie schon kennen." – „Wenn eine Frau nur auf Sex zielt, braucht sie sich nur einen Sack überzustülpen und drei Löcher hineinzuscheiden, man weiß schon, wo." – „Keine Frau ist zu schlecht, um nicht die bessere Hälfte eines Mannes zu werden." – „Auch Gott lernt dazu. Man merkt das an den Verbesserungen bei der Erschaffung der Frau." – „Lebenskunst ist die Kunst des richtigen Weglassens. Das fängt beim Reden an und endet beim Dekolleté." – „Ein Dekolleté ist der schmale Grat, auf dem der gute Geschmack balanciert, ohne herunterzufallen." – „Alter schützt vor Liebe nicht, aber Liebe vor dem Altern." – „Nacktheit muss man den Männern mit dem Teelöffel geben, nicht mit der Schöpfkelle." – „Weil Geld etwas Sündiges ist, muss es verschleudert werden. Ich beurteile Menschen nach ihrer Art, Geld auszugeben, und rate allen Frauen: Heiraten Sie nie einen Mann mit einer Börse fürs Kleingeld." – „Bei den Männern zählt die Reife, bei den Frauen die Jugend. Das ist das Unglück." – „Die Natur gibt uns das Gesicht, das wir mit zwanzig haben. Das eben formt das Gesicht, das wir mit dreißig haben. Aber das Gesicht, das wir mit fünfzig haben, müssen wir uns selbst verdienen." – „Die selbstsichere Frau verwischt nicht den Unterschied zwischen Mann und Frau – sie betont ihn."

„Es gibt eine Zeit für die Arbeit. Und es gibt eine Zeit für die Liebe. Mehr Zeit hat man nicht." Sie hat fast nur noch Zeit für ihre Arbeit, und obwohl sie sich leidenschaftlich in ihn verschaut, läuft ihr Nächster, Paul Iribe, daher eher am Rande mit, denn sie wird nach Hollywood geholt, um Kleider für die Filmstars zu entwerfen. Doch denen ist ihr Stil zu wenig figurbetont, und im Gegenzug verflucht Coco Chanel Hollywood als Hochburg der Brüste und Hintern. Wieder zurück in Paris, wartet ihr altes Leben: „Erfolg und Einsamkeit!" Sie zieht ins Ritz und

Befreiung von Paris am 26. August 1944: Charles de Gaulle marschiert an der Spitze französischer Truppen über die Champs-Élysées

Eingang des legendären Hotel Ritz, Paris, 1934

entlässt ihren altgedienten Butler im Streit. Obwohl ihm Unsummen geboten werden, wird er nie aus dem Nähkästchen plaudern. Ohne ihn verbringt sie die Abende abgeschieden im Hotel, die Tage aber in ihrem Atelier. Ihr Unternehmen ist auf fast viertausend Mitarbeiter gewachsen, und ihre Haute Couture prägt die Mode der Moderne. „Stil ist die Geliebte der Kunst." Dass ihre Kleider laufend abgekupfert werden, stört sie nicht, weil sie weiß: Plagiat setzt Bewunderung voraus. „Ich erinnere mich noch an einen Abend. Ich sah siebzehn Chanel-Kleider, doch keines stammte von mir. Die Herzogin von Alba empfing mich mit den Worten: ‚Ich schwöre dir, meines ist von dir!' Worauf ich antwortete: ‚Ich bin mir manchmal selbst nicht sicher, ob die Kleider, die ich trage, aus meinem Hause stammen.'" Coco Chanel ist großzügig. Sie lebt und sie lässt leben, und sie lässt sich nicht lumpen, denn sie hält Geld nicht für schön, sondern für praktisch, als Zutat für das Leben, aber nicht für das Leben selbst, denn Geld als Selbstzweck ist für sie mieser Tresorfetischismus. „Verschenken macht mir unendlich mehr Freude, als beschenkt zu werden, ob bei der Arbeit, in der Liebe oder Freundschaft." Ständig verleiht sie Geld, das sie nicht wiederhaben will. Nur eine Geschichte von vielen: Als der immer abgebrannte Djagilew einst von seinen Gläubigern in die Zange genommen worden war, schnorrte er von einer Dame fünfundsiebzigtausend. „Das ist ja auch eine Amerikanerin, erwiderte ich. Ich bin nur eine französische Schneiderin, hier hast du 200 000." Sie kann sich ihre Großzügigkeit leisten, doch ihr Erfolg kommt nicht von ungefähr. Sie ist eine gewiefte Geschäftsfrau und schuftet sich

Coco Chanel prüft eins ihrer Abendkleider vor der Modenschau, 1957

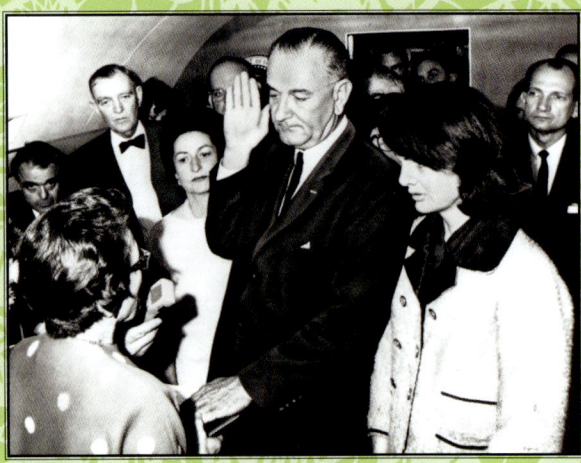

Nach dem Attentat auf John F. Kennedy trug Jacqueline Kennedy das blutbefleckte Chanel-Kostüm bei der Vereidigung Lyndon B. Johnsons noch einmal. Zu dessen Frau sagte sie: „Ich möchte, dass sie sehen, was sie meinem Mann angetan haben."

durch die Woche, kümmert sich um ihre Arbeiterinnen, für die sie eigens ein Erholungsheim bauen lässt, schenkt ihnen die Fahrtkarte dorthin, gewährt statt den gewöhnlichen zwei Wochen einen Monat Urlaub und bezahlt ihnen mehr als üblich. Coco Chanel gehört zu den reichsten Frauen der Welt. Wirklich glücklich wird sie dadurch nicht. „Zu reich zu sein, ist ebenso schrecklich, wie zu groß zu sein. Im ersten Fall bleibt einem das Glück versagt und im zweiten findet man kein passendes Bett." Sie steht zu ihren Arbeiterinnen, als diese dennoch 1936 in den Sitzstreik treten, ist sie fassungslos. Sie wird gehindert, ihr eigenes Atelier zu betreten. Das wird sie sich merken. „Ein Sitzstreik auf meinen Kleidern! Frauen auf ihrem Hintern, das ist obszön! Und kommen Sie mir nicht mit den Gehältern. Meine Gehälter sind völlig in Ordnung, bezahlter Urlaub noch dazu!" Der Wutanfall hilft nicht, sie muss den Streikenden nachgeben. Als nach dem Überfall auf Polen 1939 Frankreich mit Deutschland im Krieg ist, entlässt sie die Näherinnen und entwirft keine Kollektionen mehr.

Frankreich wird besetzt. Der Krieg braucht keine Haute Couture. Ihre Boutiquen aber hat sie behalten, denn der Vertrag mit den Wertheimers verpflichtet sie dazu. Und sie hält sich einen Liebhaber: Hans Günther von Dincklage, Sonderbeauftragter des Reichssicherheitshauptamtes, mit dem sie den aberwitzigen Plan aushecken wird, ihren Bekannten Winston Churchill zum Frieden mit Deutschland zu bewegen. Codename des Plans: „Modellhut". Ein Plan freilich, der scheitert. Ihr Geliebter wohnt bei ihr im Ritz, auf dem das Hakenkreuz weht. Doch nicht nur das wird ihr nach dem Krieg Schwierigkeiten bereiten. Ihre Boutiquen laufen sehr gut. Die deutschen Offiziere lassen in ihnen ihr Geld für Geschenke an die Lieben daheim. Während Frankreichs Widerstand blutet, führt Coco Chanel ihr schickes Leben. Noch schlimmer: Schon beim Vertragsschluss mit den Wertheimer-Brüdern glaubte sie sich übervorteilt. Mit der deutschen Besetzung aber sieht sie die Möglichkeit, sich das Unternehmen billig einzuverleiben. Beide Wertheimers sind geflohen. Sie sind Juden. Der Versuch der Arisierung gelingt. Die Brüder haben ihre Anteile zwar rechtzeitig einem Franzosen verkauft, ihr aber werden die Chanel-Anteile und die vergangenen Gewinne zugesprochen. Das wird nicht vergessen werden. Als am 26. August 1944 Charles de Gaulle an der Spitze französischer Truppen über die Champs-Élysées marschiert, beginnt die Jagd auf Kollaborationsverdächtige. Der Volkszorn entlädt sich grausam. Kerkerhaft und Lynchmorde. Frauen, die sich mit Deutschen eingelassen hatten, werden verprügelt, vergewaltigt, gedemütigt. Sie werden zusammengetrieben, der Kopf wird ihnen öffentlich kahl rasiert. Auch Coco Chanel gerät ins Visier. Sie bleibt lange unbehelligt, dann aber wird sie aus dem Ritz zum Verhör abgeführt. Nach Stunden kehrt sie zurück. Sie wird niemals über das Verhör sprechen.

„Das Alter ist Adams Zierde und Evas Tragödie." Zermatt, St. Moritz, Davos: Nach dem Krieg lebt sie meist in der Schweiz. Sie ist in Ungnade gefallen. Und doch kehrt sie nach Paris zurück. 1953. Sie ist siebzig. Die Rue Cambon hat sie wieder. „Chanel herrschte in ihren Salons wie an einem königlichen Hof. Ihre Tatkraft reichte für zehn und ihr Lebenswille übertrumpfte den aller anderen. Obwohl Mademoiselles Kräfte nachließen, arbeitete sie nicht weniger als früher. Ihre Zornesausbrüche übermannten sie vielleicht ein bisschen seltener, dagegen war ihre außergewöhnliche Kreativität ungebrochen." Ihre erste Präsentation wird höhnisch verrissen und doch setzt sie sich abermals durch. Marilyn Monroe sagt, sie trage nichts weiter im Bett als drei Tropfen Chanel No. 5, Fürstin Gracia Patricia trägt ihre Kleider, Dorothy Parker, Marlene Dietrich, Elisabeth Taylor und Jacqueline Kennedy. Als John F. Kennedy in Dallas erschossen wird, sitzt sie im Wagen neben ihm. Ihr blutbeflecktes Kostüm: Chanel. Die Welt giert nach ihrer sündteuren Prêt-à-porter und die Welt feiert Coco Chanel am Broadway mit dem Musical *Coco*. Sie tobt, als sie erfährt, dass nicht Audrey Hepburn die Titelrolle spielt, sondern die zwanzig Jahre ältere Katharine Hepburn. Die Chanel ist eitel und

ihre Tobsuchtsanfälle sind nach wie vor gefürchtet, doch auch ihr Humor verliert sich nicht. „Eine Frau kann mit 19 entzückend, mit 29 hinreißend sein, aber erst mit 39 ist sie absolut unwiderstehlich. Und älter als 39 wird keine Frau, die einmal unwiderstehlich war!" Sie sagt, das Schöne bleibt, das Hübsche vergeht. Dennoch holt sie das Alter ein, das sie mit Fassung trägt. Doch was sie immer schwerer trägt, ist ihre Einsamkeit. „Ich wollte unabhängig sein, nicht allein." Sie, die alles überwunden hat – sich vertrauensvoll auszuliefern, ist die einzige Grenze, die sie niemals überwinden konnte.

Trotz allem: Sie behält den Kopf oben. „Wer sich in der eigenen Gesellschaft nicht wohlfühlt, hat gewöhnlich ganz recht." Dennoch graut ihr am meisten vor dem Sonntag, dem Tag, an dem nicht gearbeitet wird, denn sie bleibt bienenfleißig bis zu ihrer letzten Stunde. „Ich bereue nichts im Leben – außer dem, was ich nicht getan habe." Das ist nicht ihr finales Wort. Und auch nicht: „Ich glaube nicht, ein Jedermann zu sein." Ihr letztes Wort spricht sie mit siebenundachtzig in ihrem Hotelzimmer im Ritz, in dem sie wieder wohnt, seit sie nach Paris zurückgekommen ist. Längst hat sie Herzbeschwerden, gegen die sie sich spritzt, und mitten im Grübeln über die neueste Kollektion bekommt sie auf einmal keine Luft mehr. Sie hat ihre Spritze in der Hand, ist aber zu kraftlos, sich die Nadel zu setzen. Ihr Gesicht ist tränenüberströmt. Sie wird gefunden, doch Hilfe ist nicht aufzutreiben. Der 10. Januar 1971 ist ein Sonntag. Der Hausarzt arbeitet nicht. „Gabrielle war bis zum Schluss bei vollem Verstand. Ihre letzten Worte waren: ‚Sehen Sie, so ist das, wenn man stirbt.'" Der Rebell in der Liebe, der Rebell in der Mode, der Luzifer, der ihr das Licht gebracht hat, ist tot.

Coco Chanel beobachtet
ihre Modenschau, 1969

Gala und Salvador Dalí in Venedig, 1968

Sie konnte ausgesprochen abscheulich sein

Gala Dalí

Gala Dalí, undatierte Aufnahme

Vielen gilt sie als Teufel in der Welt der Kunst, ein dunkler Engel, eine bis ins sehr hohe Alter hemmungslos unersättlich Bettbesessene, die ihre weit, weit jüngeren Liebhaber auch noch bezahlte, ein maßloses Ungeheuer der Ausschweifungen, kaltblütig, hartherzig rücksichtslos, die sich ohne zu zögern bedenkenlos Geld, Macht, Männer nahm, böse bis ins Mark: Jelena Dmitrijewna Djakonowa, verheiratete Éluard, verheiratete Dalí, 1894 bis 1982.

Für ebenso viele aber ist sie die einflussreiche Muse, sorgende Gattin, kämpferische Beschützerin Salvador Dalís, das Salz seines Lebens, seine heilige Jungfrau, ohne die sein Schaffen nicht zu denken ist, der sie malte und malte und Bilder mit ihrem Namen signierte, der mit dem seinen verschlungen ist. „Mein Leuchtfeuer, meine Doppelgängerin – Ich."

> *Teufelin oder Heilige? Üble Nachrede und Bewunderung mengen sich zu einem schwer entwirrbaren Knäuel aus könnte, vielleicht, möglicherweise und wahr oder unwahr.*
>
> Gala Dalí, 1957

Schon ob ihr Vater, wie sie erzählt, der Mutter mit zwei Söhnen und zwei Töchtern keine Kopeke hinterließ, als er im sibirischen Goldrausch glücklos verarmt starb, ist so unsicher wie ihr Geburtsjahr. Hinter allem in ihrem Leben steht ein Fragezeichen. Nur hinter einem nicht: Nach ihrem Tod schließt sich Salvador Dalí ein. Die Vorhänge zugezogen, verweigert er in der Dunkelheit das Essen. Galas Name auszusprechen, ist verboten. Er lebt nur noch im Verborgenen. Als ein Feuer ausbricht, wird er schwer verbrannt. Er malt nicht mehr und verkümmert in Angst vor dem eigenen Tod. Er stirbt mit vierundachtzig Jahren am 23. Januar 1989 an Herzversagen.

Die Gala gerufene Russin war in Kasan an der Wolga geboren worden. Um sich versorgt zu wissen, heiratet die verwitwete Mutter einen Anwalt. Sie leben herrschaftlich mit Köchinnen, Dienern, Kindermädchen; weil Gala aber ständig kränkelt, verbringt sie Jahre in Moskauer Krankenanstalten, bis sie in die Schweiz geschickt wird, um die angegriffene Lunge zu heilen. Mutterseelenallein reist sie ins Hochgebirge ins Haus Clavadel bei Davos. 1912. Sie ist siebzehn. Zwei Jahre wird sie bleiben. Ein Zauberbergleben für Vermögende. Ein Klavierspieler, der die Speisenden unterhält, Kartenspiele, Bücher, kratzende Schallplatten des Grammofons, dick eingepackt in der Höhenluft ruhend: Die lustlos fiebererrmatteten Kranken husten sich in zäher Langeweile durch die todumwehten Tage. Zwischen den ältlichen Herren im Frack und den korsettgeschnürten Damen aber sitzt Paul Éluard. Auch er ist siebzehn und die abgeschiedene Gebirgseinsamkeit schmiedet beide aneinander. Sie lesen sich vor, zeichnen gemeinsam, verkleiden sich für die Maskenbälle, plaudern über die Gedichte, die er bereits herausgebracht hat. Er will Schriftsteller werden und sie liebt Bücher und die Kunst. Ein erstes Stelldichein, dann verloben sie sich heimlich. Doch Gewitterwolken ziehen auf, in deren düsterem Licht Gala nach Russland zurückgeholt wird.

    1914. Sie sitzt im ratternden Abteil, aber ihre Heimreise schleppt sich. Die Gleise sind von russischen Armeezügen verstopft. In Sarajevo ist der österreichische Thronfolger erschossen worden, Habsburg marschiert gegen Serbien, Deutschland leistet Beistand. Russland ist Serbiens Verbündeter, Frankreich und England sind Russlands Verbündete. Die Kriegserklärungen folgen rasch. Erster Weltkrieg. Von der Nordsee bis in die Alpen: Der Stacheldraht der Schützengräben trennt die Verlobten. Sie ist neunzehn, eine Heirat ist längst fällig, doch sie schmettert die Willigen ab, die zu Hause für sie ausgesucht werden. „Ich küsste keinen Mann, sondern misstraute ihnen allen und machte mich über sie lustig, wenn sie mir schöntaten!" Sie hat nur einen Gedanken: Nach Frankreich. Zu Paul. Doch der ist unerreichbar, und die Sehnsucht und eine Sorge bringen ihr das Fieber zurück: Éluard wurde eingezogen. Die Front bleibt dem Kränklichen erspart, das Feldlazarett aber, in dem er dient, ist das Grauen. „Wir schneiden und schneiden." An den schlimmsten Tagen werden Tausende Verwundeter herangekarrt. „Gala aß und trank nicht. Sie wollte nur wieder zu ihm."

    Sie hat ihr Geheimnis preisgegeben, doch die gefährliche Reise wird ihr trotz ihres Hungerstreiks erst erlaubt, als Russland selbst nicht mehr sicher ist: Die Zarenarmee wird bei Tannenberg vernichtend geschlagen, das Volk hungert sich durch den Krieg. Streiks brechen aus und Aufstände. Es gärt. 1916. Gala ist einundzwanzig. Sie ist volljährig. Sie darf reisen. Den Sturz des Zaren wird sie in Paris erleben, denn während sie fährt, bereitet Wladimir Iljitsch Uljanow, Pseudonym Lenin, seine Rückkehr nach Russland vor. Gala ist auf gut Glück unterwegs, denn die Aussichten Éluards, den Krieg zu überleben, stehen schlecht. Luftschiffe, Flugzeuge, Panzer, Unterseeboote: der erste Maschinenkrieg. Millionen sterben in den Stellungen. Éluard nicht. Er bekommt Fronturlaub. Sie schlafen miteinander. Zum ersten Mal. Sie heiraten.

„Ich werde nie wie eine Hausfrau aussehen, ich werde eine echte Kokotte sein."

Die Heirat, die Reise nach Frankreich mitten im Krieg: Sie hat sich durchgesetzt. Sie wird sich immer durchsetzen, planvoll, absichtsvoll, kraftvoll. Dann aber wird sie ungewollt schwanger. Für sie ein Schock. Ein Glanz will sie sein, mit einem Dichter in der Welt der Kunst leben, nicht am Herd stehen. „Gala wusste, was sie wollte: die Lust des Herzens und der Sonne, das Geld und das Zusammensein mit einem Genie." Ihrer Tochter Cécile wird sie lebenslang mit Kälte begegnen. Galas Kind wird Salvador Dalí sein. Noch ein Schock: Sie kocht vor Wut, als Éluard sich freiwillig zur Front meldet. Er will sich nicht verstecken, während so viele sterben. Der tägliche Tod aber verändert ihn. Als der Krieg vorbei ist, verfliegt seine Liebe für Gala, ihre Liebeskunst hingegen will er nicht missen, von der er schwärmt. Immer trägt er ein Aktbild von ihr bei sich, das er gern herumzeigt. Er sucht neue Kitzel, und auch sie ist Abenteuern zugeneigt, von denen sie sich gegenseitig erzählen. Keiner hält hinter dem Berg.

Éluard arbeitet im Geschäft seines Vaters, und nebenbei schreibt er für André Bretons und Louis Aragons Zeitschrift *Littérature*, die sich auch die Malerei auf die Druckfahnen geschrieben hat. Sie entdecken Marcel Duchamp, Éluard kauft Bilder der unbekannten Künstler Pablo Picasso und Joan Miró, und er befreundet sich mit Max Ernst, dessen Bilder ihn begeistern: menschliche Vogelkopfwesen, absonderliche Traumgestalten, rätselhafte Landschaften. Der Krieg hat auch die Kunst verändert und „Dada" wird ihr Schlagwort. 1922. Die Éluards reisen in ein Bergdorf der Alpen zu Max Ernst. Dessen Frau, die promovierte Kunsthistorikerin Louise Ernst-Straus, kann Gala nicht ausstehen. Die meisten Frauen verabscheuen sie, denn sie ist eine ständig lauernde Bedrohung. Auch Max Ernst wechselt bald in Galas Bett, beim Schwimmen am See schlafen sie miteinander unbekümmert vor aller Augen. „Éluard liebte Gruppensex. Er war ganz

scharf darauf, dass seine Freunde es mit Gala trieben. Er sah zu oder machte mit." Wer nicht mitmacht, ist Louise Ernst-Straus. Als Éluard Max Ernst einlädt, nach Paris zu kommen, lässt der sie und den Sohn in Armut sitzen. Max Ernst hat selbst nichts: Bei einer seiner Gelegenheitsarbeiten ist er Filmstatist. Er wird gefeuert, als er sich schwitzend aus seiner Rüstung windet, bis er nackt dasteht. Die aufwendig teure Schlachtenszene ist hinüber. Auch Éluard wird bereuen, ihn nach Paris gelockt zu haben.

Die Ménage à trois lebt auf Éluards Kosten unter einem Villendach in Eaubonne bei Paris, unter dem sich Schriftsteller, Maler, Bildhauer versammeln, um nicht nur die Grenzen der Kunst auszuloten. Der Dadaismus ist tot, es lebe der Surrealismus, der die Welt hinter der plumpen Wirklichkeit erkundet. André Breton raucht eine grüne Pfeife in grünem Anzug, ein Schriftsteller windet sich drogenberauscht übers Parkett, auf eine Wand wird eine Nackte gemalt, deren Gedärme heraushängen, und zwischen all den sich irre Gebärdenden die umbuhlte Gala, die Träume deutet, Geister beschwört, Tarotkarten legt. Später wird sie jeden Morgen Dalí die Karten legen. Selbst die stolze Coco Chanel wetteifert mit der Modeschöpferin Elsa Schiaparelli, die angebetete Gala einkleiden zu dürfen. Diese spielt die beiden gegeneinander aus, um ihnen Kleider abzuschwatzen, die sie nicht bezahlt. Anders Giorgio de Chirico: Der lässt sich zwar nicht lange bitten, schickt sie aber bald wieder fort, weil sie nicht einmal ein Ei kochen kann. Dalí wird nachmals sagen, ihr Essen schmecke wie sein Taschentuch.

Trotz der Seitensprünge: Sie gehört mehr Max Ernst als Éluard, der das nicht verkraftet. Sie in fremden Betten zu sehen, macht ihm nichts, sie zu verlieren, schon. Und: Er hat die tägliche Plackerei seiner Brotarbeit satt. Er schnappt sich Abertausende vom Konto seines wohlhabenden Vaters und geht auf Weltreise, und Gala erfährt das erst, als er weg ist. Paul Éluard hat sie in

Surrealisten unter sich: Max Morise, Simone Breton, Paul Éluard, Joseph Delteil, Gala Desnos, André Breton und Max Ernst, Montmartre, 1923

  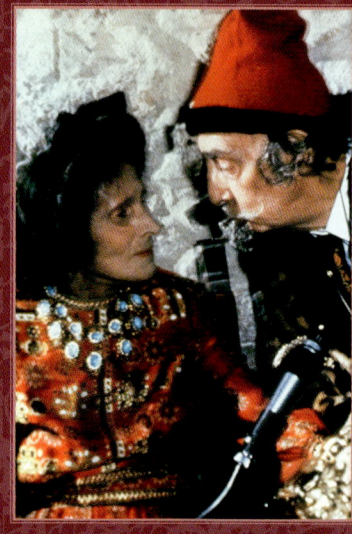

Salvador Dalí, Porträt von Paul Éluard, 1929

Der junge Dalí. Aufnahme um 1935

Salvador Dalí mit seiner Frau und Muse Gala während einer Pressekonferenz am 25. Oktober 1980 im Dalí-Museum in Figueres

seine Gedichte geschrieben, nun wird sie von Max Ernst gemalt, doch der bleibt nie allzu lang bei einer Geliebten. Er beginnt sich zu entziehen.

Éluard verkraftet die Trennung nicht. Er bricht zusammen. Seine Familie entsendet Gala, ihn zurückzuholen. Max Ernst lässt sich die Gelegenheit nicht entgehen, sich eine Reise spendieren zu lassen, aber während Gala sich beeilt, gondelt er trödelnd hinterher. Bis er in Asien eintrifft, haben sich die Gatten ausgesöhnt. Sie reisen zurück, und als Max Ernst in Frankreich auftaucht, ist die Tür ihres Hauses für ihn abgeschlossen. Nicht mehr die Favoritin des Max Ernst zu sein: Sie spuckt Gift und Galle. Sie ist die, die kommt und geht nach Belieben, keiner sonst. Von einem Liebhaber abgewiesen zu werden, fordert ihre Rache heraus. Und rachsüchtig ist sie. Das bekommen viele ihrer Liebhaber zu spüren, sobald sie sich davonmachen. „Nun, habe ich nicht recht getan, Ernst abzuweisen? Er hat es nicht weit gebracht. Dalí dagegen – nachdem ich ihn erst einmal in der Hand hatte: Welch ein Erfolg!"

Nachspiel Gala Éluard gegen Max Ernst: Ob seiner neuen Flamme gerät Max Ernst mit Paul Éluard bei einer Einladung aneinander und haut diesem derart aufs Auge, dass er für Tage erblindet und darüber nachdenkt, seinerseits Max Ernst zu erschießen.

Nicht die einzige Schlägerei im Nachkriegsparis der Zwanzigejahre, im Kleinen wie im Großen.

Wie in der deutschen Republik von Weimar kämpft auch in Frankreich links gegen rechts um die Vorherrschaft. Die Surrealisten brechen mit dem Staat, sie sehen sich als zerstörerische Vorreiter einer neuen Zeit, nicht nur in der Kunst. Das schafft Feinde. Ihre Kaffeehaustreffs werden von rechten Schlägerbanden überfallen, die mit Holzknüppeln auf sie losgehen. Geholfen wird ihnen kaum. Sie gelten als herablassende, hochnäsige, dünkelhaft anmaßende Schnösel. Auch Gala Éluard, und doch hat sie eine Gabe, die sie abhebt: Sie erkennt sehr genau, wer vor allem in der Kunst ein Schwätzer ist und wer nicht. „Sie bewertete Menschen danach, was sie in der realen Welt leisteten, und tat die ab, die Mittelmaß besaßen." Wer herausragend ist, den fördert sie, indem sie untrüglich jede Schwäche eines jeden Kunstwerks gnadenlos aufdeckt. Ihre Rügen sind berüchtigt, doch sie sind beflügelnd. Wer etwas kann, wird durch sie besser. Nicht alle indes ertragen ihre unerbittlich spitzen Sticheleien: Luis Buñuel, der mit Dalí *Un Chien Andalou* gedreht hat, geht ihr im spanischen Fischerdorf Cadaqués mit seinen Preisboxerhänden an die Kehle, um sie zu erwürgen. Als Éluard davon erfährt, kauft er einen perlenbesetzten Revolver.

Stichwort: Cadaqués. 1929. In Nordspanien besuchen Gala und Paul Éluard den eigenartigen Vogel Salvador Dalí, der sehr von sich und seiner Kunst eingenommen ist. „Ich bin der einzige Künstler, den die Natur kopiert." Noch steht er am Anfang, doch Gala Éluard zu treffen, wird sein Aufstieg sein. Er verabscheut Berührungen, aber er ist von ihr begeistert. „Nur über Gala konnte er noch reden. Wie ein Echo gab er jedes Wort wieder, das sie geäußert hatte." Sie gehen miteinander spazieren, und die Abendspaziergänge werden länger, Dalí aber wagt nicht, sie auch nur zu küssen. Ein Handkuss, und er rennt davon, Éluard aber schiebt ihm Gala zu. „Ich hatte das Gefühl, er trieb mich fast in seine Arme." Was ihm gelingt, und so rücken Gala und Salvador Dalí immer enger aneinander, bis Éluard sie, nun doch in Sorge, verlassen zu werden, eindringlich auffordert, mit ihm nach Paris abzureisen – und allein zurückfährt. Gala hingegen hat das Genie gefunden, das sie suchte. Bis zu seinem Tod 1952 wird Éluard ihr Liebesbriefe schreiben, sie unterstützen, ihr helfen in der Not, doch er hat sie tatsächlich an Salvador Dalí verloren. 1932 wird das illustre Ehepaar geschieden, die Tochter Cécile wird bei Éluard bleiben. Weiter miteinander schlafen werden sie dennoch, so sich Gelegenheit ergibt. Im Jahr vor der Scheidung wird bei Gala eine Lungengeschwulst entdeckt und entfernt, die sie seit ihrer Kindheit plagte, und ein weiteres Geschwür in der Gebärmutter, die ihr herausgeschnitten wird. Sie wurde „ausgeräumt", wie sie sagt.

„Sie tat alles für ihn – ich bin sicher, sie putzte ihm sogar die Zähne." Salvador Dalí besitzt einen starken Hang zum Neurotischen: Er fürchtet, dass seine Bilder gestohlen werden; auch nur eine Fahrkarte zu kaufen, jagt ihm den Schweiß auf die Stirn; er entsetzt sich vor Grashüpfern – ein angstbeherrschtes Leben, aus dessen Albträumen er seine Bilder malt. „Der einzige Unterschied

zwischen einem Verrückten und mir ist der, dass ich nicht verrückt bin." Gala wird seine Schrecken mildern, seine Bilder für ihn verkaufen, ihn bemuttern, ihm Geldscheine mit Nadeln in den Anzug heften, damit er sie nicht verliert – mit ihr schlafen aber wird er wohl bloß ein einziges Mal. Ihm graut vor dem Bett. Er steht auf Selbstbefriedigung. Und doch werden sie mehr als fünfzig Jahre zusammen sein. Sie unterstützt ihn nicht nur, sie erträgt ihn auch, und das ist bei seinen Verstiegenheiten schwierig genug. „Es war, als ob sie ihre Persönlichkeit verloren hätte und in Dalí aufgegangen wäre." Seinen weltweiten Erfolg, sagt Dalí, habe er der heldenhaften täglichen Aufopferung der unvergleichlichen Gala zu verdanken. Der Weg nach oben jedoch ist holprig.

Wochen nach Éluard ist sie nach Paris gefahren, um Dalís erste Ausstellung mit vorzubereiten, für die sie unermüdlich wirbt, während er in Spanien fieberhaft malt, bis er ihr nachkommt. Aus Angst vor der Metro nimmt er ein Taxi und aus Angst vor der Ausstellung flieht er mit Gala zurück nach Spanien zur Verwirrung der Vernissage-Besucher. Und doch werden alle Bilder verkauft. Das Geld aber, das Dalí bekommt, verpulvert er, und als seine kreuzkatholische Familie ihn noch dazu verstößt, verflucht und enterbt, steht das Paar in Spanien vor dem Nichts. Gala ist eine Verheiratete mit Kind – das geht nicht. Von dem wenigen, was ihnen blieb, kaufen sie eine Fischerhütte in Port Lligat bei Cadaqués. Schmutzig, kahl, nicht zu heizen, Wasser nur aus einer nahen Quelle, mehr Windschutz denn Hütte. Sie leben eingepfercht wie in einer Gefängniszelle von Fisch, rohen Seeigeln und altbackenem Brot mit Olivenöl. Eine finstere Zeit, die Gala hart macht. Schon aus Angst vor Armut wird sie beim Verkauf seiner Bilder immer harte Bandagen anlegen. Sie kämpft mal in Port Lligat, mal in Paris ums Überleben, denn nach dem ersten Erfolg sind Dalís Bilder Ladenhüter. Seine allzu bildhafte Malerei ist rasch nicht mehr en vogue. Der neue Stern heißt Pablo Picasso. Dalí: „Ich

Salvador Dalís Haus in Port Lligat

Der Fischerort Cadaqués an der nördlichen Costa Brava in Spanien

bewundere Picasso. Keiner hat sein Öl so teuer verkauft wie er." Um selbst irgendwie etwas zu verdienen, basteln Gala und Dalí Schräges zusammen, das sie versuchen, den Kunsthändlern anzudrehen. Schuhe mit Sprungfedern, Kleider mit aufgenähten Brüsten am Rücken, falsche Fingernägel, die als Spiegel dienen – keiner will den kruden Kram haben.

> *Die aufdringliche Gala aber lässt nicht locker, und dafür wird sie von den Händlern bald „gale" genannt, „böses Weib". Sie gehen der „Krätze" aus dem Weg, genau wie junge Fischer in Cadaqués, die sich nicht für sie hinlegen wollen.*

„Dalí sparte seine ganze Libido für seine Kunst auf, aber Gala liebte es, Liebe zu machen." Liebhaber findet sie genug, die sie mit Dalí-Zeichnungen belohnt, und in Paris findet sich endlich eine Galerie, die bereit ist, Salvador Dalí auszustellen. Im Gepäck dorthin hat er sein Bild *Die Beständigkeit der Erinnerung* mit seinen käseweichen, zerfließenden Uhren. Das Bild überzeugt, und Dalí findet Gönner, die ihm jahrelang immer wieder aus der Geldpatsche helfen. Eine Spenderin ist Caresse Crosby. Amerikanerin, Bankierswitwe und steinreich. Sie überredet Salvador Dalí, nach Amerika zu kommen.

„Natürlich ging Dalí nach Amerika. Dort erst erklomm er den wirklichen Gipfel seines Ruhms – indem er sich verkaufte." In Europa hatte der Surrealismus seine Schockwirkung eingebüßt, in Amerika nicht. Dort ist er neu und bizarr, die kauffreudigen amerikanischen Sammler haben Geld im Überfluss, und Gala hat genug davon, arm zu sein. Das Ticket für ein

Dritte-Klasse-Abteil auf einem Überseedampfer bekommen sie, das Geld für ein Hotel aber fehlt. Dalí schnorrt und pumpt vergeblich, bis sich einer erbarmt: Picasso.

Nur eine Stahlhaut zwischen sich und dem Wasser – an Bord der *Champlain* verfällt der angststarre Dalí in Panik. Ob in der Kabine oder auf Deck: Er trägt eine Korkschwimmweste. 1934. Landung in New York. Sein Durchbruch. „Die beiden größten Glücksfälle, die einem Maler passieren können, sind: 1. Spanier zu sein, 2. Dalí zu heißen." Endlich, er verdient, weil Gala verhandelt, und bald werden seine Namensbuchstaben anders zusammengesetzt: „Avida Dollars", hungrig auf Dollars. Sie ist eisern unnachgiebig beim Verkauf der Bilder. Oft ist sie später beim Handschlag mit einem Bildpreis in weichen Peseten einverstanden, um ihn, gleich hoch, in harten Dollars einzutreiben. Sie hat sich dann einfach verhört. Über die Jahre wird sie für ihn Millionen ergattern. „Dalí war ihr Goldesel." Dem harmlosen Spinner Salvador Dalí, der schon mal im Taucheranzug mitsamt Taucherglocke herumläuft, gehören in Amerika die Kunstschlagzeilen, und ganz besonders, als er verhaftet wird, weil er ein Schaufenster zertrümmert, hinter das er eine mit schwarzer Wolle bedeckte, wassergefüllte Badewanne gestellt hatte, in die eine nackte Schaufensterpuppe steigt. Als nach Beschwerden die Puppe Kleider trägt, knallt er die Wanne gegen die Scheibe: Niemand tastet seine Kunst an! Er wird abgeführt. Auf der Wache sitzt Gala seelenruhig neben ihm, denn sie weiß, was ein gekonnter Auftritt wert ist. „Ohne Gala wäre Dalí nicht dort, wo er ist."

Aus seiner vor Geltungssucht strotzenden Überdrehtheit schlägt sie Münzen, mit denen die Hütte in Port Lligat Anbau für Anbau zwar ein Haus, aber vorerst keine Heimat wird. Kommunisten, Sozialisten und Anarchisten greifen für die Unabhängigkeit der Katalanen von Spanien zu den Waffen und im Hexenkessel des katalonischen Aufstandes ist der Tod allgegenwärtig. Salvador Dalí heiratet daher Gala am 30. Januar 1934, um ihr Port Lligat und das bilderverdiente Geld als Erbe zu sichern, das seine Familie nicht bekommen soll. Dann verlässt das frischgebackene Ehepaar Spanien wieder. Sie brauchen Stunden für die Ausreisegenehmigung, denn die Beamten sind damit beschäftigt, ein Maschinengewehr in Stellung zu bringen. Danach zwängen sich beide mit einem anarchistischen Taxifahrer in eine Herrentoilette, um verborgen vor der spanischen Geheimpolizei den Fahrpreis auszuhandeln, der erklecklich ist. Die Fahrt wird zur Tortur durch Posten und Straßensperren. Der Fahrer jedoch ist sein Geld wert: Anarchisten halten sie auf. Wegen Galas teurer Koffer werden sie für spanische Kapitalisten gehalten. Ein Erschießungskommando wird zusammengestellt, der Fahrer aber kann seine Genossen von ihrer Harmlosigkeit überzeugen. Er bringt sie wohlbehalten nach Frankreich. Auf dem Rückweg wird er erschossen. Der Aufstand wird niedergeschlagen, die Waffen aber vorausschauend versteckt, denn der Frieden ist trügerisch.

Gala und Salvador Dalí in New York, 1968

1936. Aus der Rebellion erwächst der Spanische Bürgerkrieg, den Gala und Salvador Dalí zumeist in Frankreich erleben. Die amerikanischen Dollars fließen für seine Bilder, in Cadaqués aber sterben dreißig Fischer, Dalís Schwester wird gefoltert und spanische Anarchisten spielen mit dem Kopf eines Erzbischofs Fußball. Künstler aus aller Welt strömen in die internationalen Brigaden, die gegen Francos Faschisten kämpfen, Pablo Picasso malt *Guernica*, das Dorf, das im Bombenhagel der mit Franco verbündeten Deutschen ausgelöscht wird, und nach Francos Sieg entfesselt Hitler das Entsetzen aus Verfolgung, Massenmord und Krieg. Gala aber besteht darauf, dass sich Dalí aus allem heraushält. Im Totentanz des Zweiten Weltkriegs leben sie in Südfrankreich in einem Schlösschen, weil dort die Austern so gut schmecken, und als die deutschen Truppen über die Champs-Élysées von Paris marschieren, verlassen sie Europa, um nach Amerika zu gehen, wo ihre Einkünfte nach wie vor satt gesichert sind. Der mit Palmzucker aufgezwirbelte Schnurrbart, die Augen weit aufgerissen: „Die Leute, die ihn umgeben, sind entweder Mäzene seiner Kunst oder seltsame Betrachter, die ihn wie ein exotisches Tier im Zoo ansehen." Dalís Narreteien entzücken Amerikas Reiche, die sich um seine Werke reißen. Sonderlich dankbar sind ihnen weder Gala noch Dalí. „Wir haben versucht, Freunde für sie zu sein, aber sie haben uns immer als Kunden behandelt, wie Idioten, die übers Ohr gehauen werden müssen." Gala hat die Zügel fest in der Hand. Sie verkauft Bild auf Bild zu Irrsinnspreisen, mit denen ein Luxusleben in Hotelsuiten leicht zu bezahlen ist. Immerhin schickt sie Lebensmit-

telpakete für die notleidenden Cécile und Paul Éluard nach Paris, der sein Vermögen in den Jahren der Weltwirtschaftskrise und des heraufziehenden Zweiten Weltkriegs verloren hat. Das aber ist nur eine Randnotiz, denn sie hat nur eins im Sinn: Salvador Dalí zu vermarkten und zu beschützen. „Sie konnte ausgesprochen abscheulich sein." Wer an ihm herummäkelt, den knurrt sie an wie ein bissiger Wachhund, im festen Glauben, alles und jeder habe sich Dalís Größe zu beugen. Anaïs Nin: „Ganz ruhig setzte sie voraus, dass wir alle da waren, Dalí, dem großen, über alle Diskussionen erhabenen Genie zu dienen."

1948. Die Wände von den Kämpfern beschmiert, der Holzboden von Lagerfeuern versengt: Wieder in Spanien, sieht ihr Haus in Port Lligat schlimm aus. Überhaupt nicht erbärmlich ist dagegen ihr Gepäck, das sich auf zwei Lastern türmt, denen Dutzende Frachtkisten folgen und ein prachtvoll luxuriöser, schwarzer Cadillac, die schickste Limousine Spaniens. Sie sind reich, und sie sind willkommen, denn Salvador Dalí ist der einzige Künstler von Rang, der in das faschistische Spanien zurückkehrt. Sie werden von Franco umworben und sie lassen sich gern schmeicheln. Der Preis für Francos Wohlwollen: Schweigen zu den Verbrechen des Diktators, dem sie sich unterwerfen, und weil in Francos Spanien nur Ehen zählen, die vor dem Altar geschlossen werden, holen sie sich den kirchlichen Heiratssegen, der das Eis auch bei Dalís Familie bricht, die sich an Gala gewöhnt. An ihren Dauerehebrüchen ändert das natürlich nichts, kirchliche Trauung hin oder her. „Sie war eine echte Nymphomanin." Dalí: „Ich bin der König der Hahnreie." Sosehr er indes zum „Hofnarr Francos" wird, eines lässt sich nicht verbergen: Sein Ruf als Weltrangkünstler schwindet zusehends. Zu oft verkauft er zu ähnliche Bilder, zu sehr werden selbst die unbedeutendsten Kritzeleien als Handelsware verschleudert. Hauptsache, die Kasse stimmt: Für den Entwurf einer Magentropfenwerbung bekommt er fünfzigtausend Dollar, und den Einwand, dies schade seiner Kunst, quittiert er scheckwedelnd: „Können Sie so viel Geld in fünf Minuten verdienen?"

Salvador Dalí mit exzentrischem Haustier, seinem Ozelot

Salvador Dalí, *Die Madonna von Port Lligat*

Amanda Lear, 1968

Seine Kunst entgleitet ihm, er braucht Neues, und das findet Dalí in der Religion des erzkatholischen Spanien, in die er sich hineinsteigert, sehr zu Galas Gefallen. Sie betet oft und lang, gleichwohl sie wenig von Priestern und Kirche hält. Er entfacht nahezu einen Kreuzzug für die Religion in der Kunst. Sichtbarstes Bild des Wandels: *Die Madonna von Port Lligat*. Gala, engelsgleich entrückt schwebend über dem Meer. Sie ist keine Jungfrau und erst recht nicht heilig, für ihr Abbild aber wünscht Dalí trotzdem den Segen des Papstes. Und er bekommt ihn. John Peter Moore, der für die Vatikanpresse arbeitet, ermöglicht die Audienz im Handumdrehen, und ob seines organisatorischen Geschicks werben sie ihn ab, denn er beherrscht die Kunst, noch die allerwildesten Launen Gala und Salvador Dalís zu erfüllen. Dalí wünscht für ein Modell einen Badeanzug aus Schokolade? Gala einen Lustknaben? Gemietete Paare, denen Dalí im Bett zusieht, um ihnen Anweisungen zu geben? Alles kein Problem für ihn, und nun finden die verwegenen Ausschweifungen kein Ende mehr. Für wahre Orgien werden Villen gemietet, die sich mit Zwergen, seltenen Tieren, Akrobaten füllen. „In jedem Schlafraum waren andere Paare – Männer und Frauen, Männer und Männer, Frauen und Frauen." Dalí genießt den Anblick. Sich einen Ozelot an der Leine zu halten oder eine Herde Schafe in eine Hotelsuite zu bestellen, ist für Dalí ein eher simples Vergnügen. Salvador Dalí lebt seine Exzentrik unverändert bis zum Alleräußersten, und auch Gala ist alles außer zurückhaltend, und sie lässt ihn gewähren, weil er sie gewähren lässt. Eines aber ändert sich doch: Je mehr er sie in seiner Vorstellung als seine heilige Jungfrau von der Welt entrückt, desto mehr rückt er in der Realität selbst von ihr ab. „Gala wurde von Eifersucht verzehrt. Sie befürchtete, dass ihr eine andere Frau, jünger und hübscher als sie, Dalí stehlen könnte – nach all den harten Zeiten, die sie ihn durchgeschleppt hatte." Und die andere kommt: die Sängerin Amanda Lear, um die das Gerücht nicht verstummt, sie sei eigentlich ein Mann. Sie ersetzt Gala als Muse. Und dennoch braucht er seine Gala wie Atemluft. Ihrer beider Lebensweg aber läuft auseinander.

1963. Sie ist siebenundsechzig, William Rotlein ist Anfang zwanzig und er wird ihr erster Ausgleich. Er drückt sich in einem Hauseingang herum, als sie ihn in New York aufgabelt. Er lebt von Ladendiebstahl, Hundefutter und Drogen. Sie schafft den Obdachlosen in ihr Luxushotel, mietet eines der teuersten Zimmer für ihn, badet ihn und sperrt ihn tagelang ein, um seine Heroinsucht mit Schnaps zu bekämpfen. Ab und zu bestiehlt er sie, um für Stunden zu verschwinden, doch das stört sie nicht. „Die Großmutter und der Knabe": Er tauscht seine Drogenabhängigkeit mit der Abhängigkeit von ihr, sie ist von ihm schier besessen und zieht mit ihm so lange um die halbe Welt, bis sie dann doch genug von ihm hat und ihm andere folgen. Wer aus Dalís Gefolge sie aus scheinmoralischen oder sonstigen Gründen anmeckert, dem spuckt sie ins Gesicht oder drückt ihm Zigaretten auf die Haut. Zeit ihres Lebens hat sie ihre Zornausbrü-

che nicht im Griff, und Dalís Anhänger behandelt sie nun feindselig, sie hält sie samt und sonders für schmarotzende Schmeißfliegen. Doch auch sie wird ausgenommen. Bilder Dalís werden ihr gestohlen und Juwelen. Als sie mit einem Liebhaber beim Mittagessen sitzt, klauen dessen Kumpane ihre Koffer. „Es war ein schwerer Schlag für Gala, erkennen zu müssen, dass dieser Knabe nur wegen des Geldes mit ihr zusammen war." Und immer so fort: junge Aktmodelle, junge Arbeitslose, junge Maler. „Sie beschliefen Gala, aber nur, weil sie etwas von Dalí wollten: Geld, Bilder oder sonst ein Stück vom Kuchen." Für Gala jedoch sind sie ein Jungbrunnen, denn sie wird alt. Ihre Bettaffären sind ihr Weg, die Uhr anzuhalten, das Alter zu besiegen, das ihr schwer zu schaffen macht: Sie wird siebzig, und aus den Fotos, die von ihr gemacht werden, schneidet sie ihr Gesicht aus. „Gala gab den Glauben nie auf, sie sei achtzehn."

„Gala brauchte jede Menge Geld für ihre Gigolos." Sex ist ihr Laster, und ein zweites: die Spielsucht. „Sie war unglaublich geizig. Eine Fünf-Dollar-Rechnung konnte sie in üble Laune versetzen und doch hat sie riesige Summen verspielt." Um zu reisen, fliegt sie nicht, sie bucht Schiffspassagen, um tagelang ungestört am Spieltisch zu stehen. Sie verliert und verliert, und als sie glaubt, das mühsam über die Jahre gehortete Geld gehe ihr aus, sperrt sie Dalí ohne Essen in sein Atelier, bis er ein längst fälliges Bild fertig hat, und so kommt ihr auch sein gern eingesetzter Betrug zupass: Dalí verdient ein Heidengeld an nummerierten und signierten Drucken seiner Bilder und Zeichnungen. Die Zahl der Abzüge ist begrenzt, danach werden die Druckplatten zerstört. Das ist die Regel, um den Wert der Einzelblätter zu erhalten. Eine Regel, die gebrochen wird, denn in aller Heimlichkeit werden weit mehr Drucke hergestellt und verkauft. Höhepunkt des Schwindels: John Peter Moore überredet Dalí, Abertausende weißer Blätter zu signieren, die mit Dalí-Bildern bedruckt weltweit den Markt überschwemmen. Ehe die Käufer den Braten riechen, sind die Schäfchen bereits im Trockenen. Sein Ansehen kommt auf den Hund. Mit dem Gipfelpunkt an Respektlosigkeit handeln sie sich die blanke Wut ihrer Landsleute ein: Als Spanien sich endlich aus der Diktatur Francos windet, merkt Dalí nur an, der Generalissimo hätte einfach mehr Leute hinrichten sollen. Gala und Salvador Dalí erhalten danach Todesdrohungen, reisen sie, sind sie von Leibwächtern abgeschirmt.

„Der Tag, an dem ich sterben werde, wird der beste Tag in meinem Leben sein." Jahrzehntelang herrschte Gala über Dalí, sein Vermögen, seine Kunst, nun aber beginnt sie ihn zu quälen. Und nicht nur ihn. Sein Schwarm von Anhängern, von dem er ständig umgeben ist, hat unter ihr zu leiden – und ihre Tochter Cécile. Über fünfzig ist diese mittlerweile, und sie mietet sich in Cadaqués ein, um wochenlang immer wieder über die Hügel nach Port Lligat zu wandern. Sie klopft an ihrer Mutter Tür, doch die Dienstboten haben Anweisung, sie nicht einzulassen, bis sie

aufgibt. Nur noch einmal wird sie wiederkehren. Eine letzte grauenvoll hartherzige Zurückweisung: Gala liegt auf dem Sterbebett. Sie lässt ausrichten, dass sie Cécile nicht empfängt.

Seit Jahren schon lebt Gala in Schloss Púbol, das ihr Dalí geschenkt hatte. Das Schloss ist ihr Rückzugsort, den selbst Dalí nur nach schriftlicher Einladung betreten darf. Sein glitzernder Hofstaat ist ihr zu viel geworden. Er geht seiner Wege, sie ihrer Umwege, die sie trotz ihrer Jünglinge wieder zu Dalí führen. Er ist schwach und krank, und das fordert ihre Fürsorge heraus. Die aber mündet in einen keifenden Krieg der Alten. Er weigert sich weinerlich, gegen seine Krankheiten anzukämpfen, was sie zur Weißglut treibt. Ist sie wütend, brüllt er zurück. Sie zermürben sich gegenseitig. Immer von Schönheit, Reichtum, jungen Leuten umgeben, halten sie ihren Verfall nicht aus. Als Dalí stürzt und sich weigert aufzustehen, schlägt ihn Gala fluchend mit seinem Spazierstock. Als Gala neben ihrem Bett auf dem Boden gefunden wird, hat sie zwei gebrochene Rippen und blaue Flecken an Armen und Beinen. Ein Bruch steht auch an ihrem Ende: Ihr Oberschenkel ist zersplittert. Ihr wird die letzte Ölung gegeben. Zu früh. „Die nimmt sich noch Zeit." Sie wird nach Port Lligat gebracht, und Wochen um Wochen, in denen Dalí sie meidet, hängt sie zäh am Leben. Tod erträgt er nicht. Zu sehr fürchtet er sich vor dem eigenen Sterben. „Ganz zum Schluss starb Gala unbeachtet in einer Ecke." Der Schluss mit siebenundachtzig Jahren: 10. Juni 1982. Doch sosehr sie sich zuletzt in erniedrigendem Hass zerfleischten, ihr Ende ist der Anfang seines Sterbens. „Sie heilte mich von meiner selbstzerstörerischen Raserei, indem sie sich auf dem Altar meiner Lebensgier als Brandopfer darbot. Ich wurde nicht wahnsinnig, weil sie meinen Wahnsinn auf sich nahm." Sie hat ihr Leben mit Kunst und Künstlern verbracht, ein eigenes Werk aber hat sie nie erschaffen. Ihr Werk war Dalí. Sie lebte, ohne zu schaffen. Sie schuf, weil sie lebte.

Das Ehepaar Dalí bei einer Pressekonferenz, 1980

*Drink and dance and laugh and lie,
Love, the reeling midnight through,
For tomorrow we shall die!
(But, alas, we never do.)*

Dorothy Parker